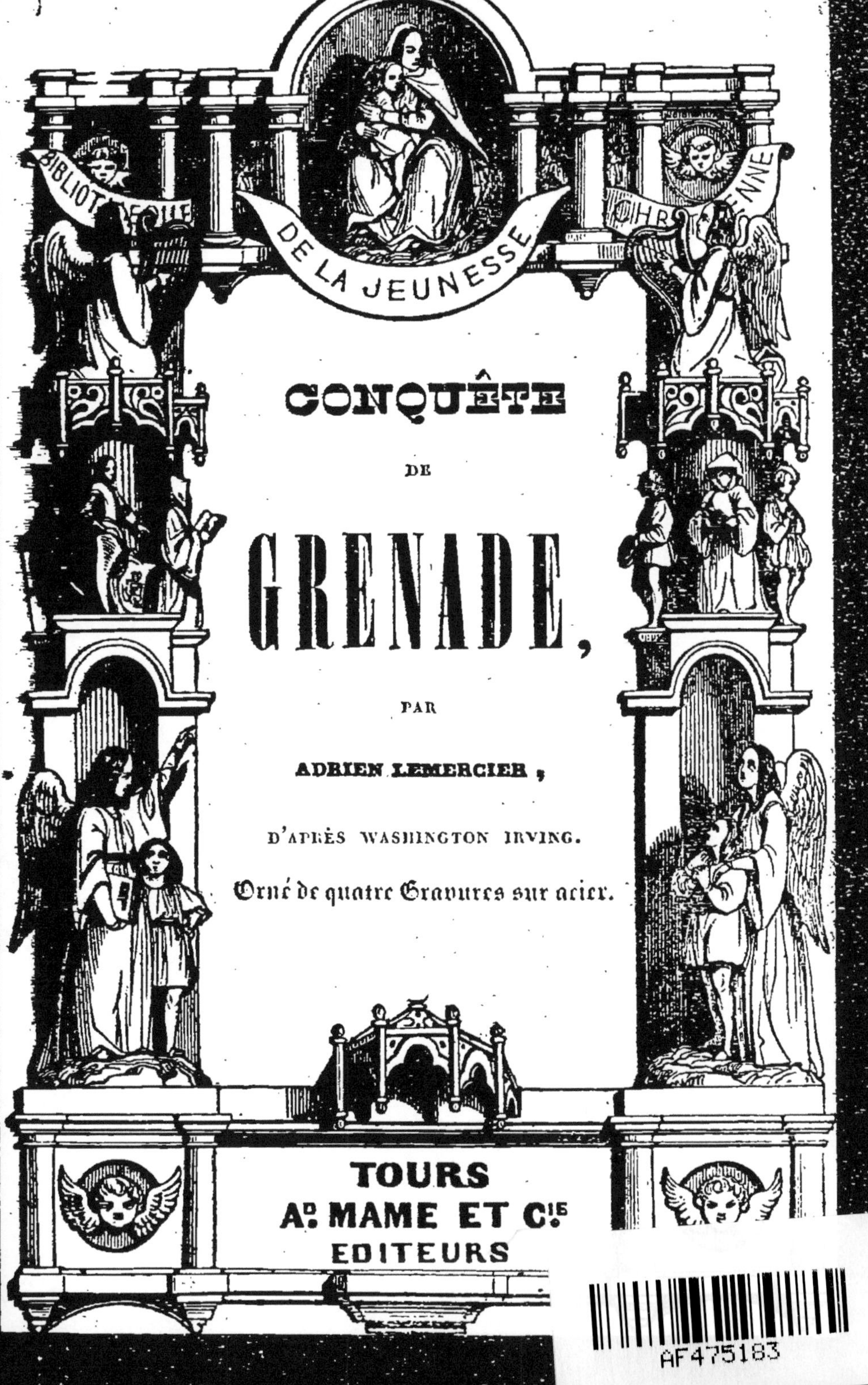

CONQUÊTE DE GRENADE,

PAR

ADRIEN LEMERCIER,

D'APRÈS WASHINGTON IRVING.

Orné de quatre Gravures sur acier.

TOURS
Ad. MAME ET Cie
EDITEURS

BIBLIOTHÈQUE

DE LA

JEUNESSE CHRÉTIENNE,

APPROUVÉE

PAR M.GR L'ARCHEVÊQUE DE TOURS.

Conquête de GRENADE

PAR

CONQUÊTE

DE

GRENADE,

PAR ADRIEN LEMERCIER,

D'APRÈS WASHINGTON IRVING.

Orné de 4 gravures sur acier.

TOURS,

CHEZ A.D MAME ET C.IE, IMPRIMEURS-LIBRAIRES.

1840.

HISTOIRE

DE LA

CONQUÊTE DE GRENADE.

CHAPITRE PREMIER.

Royaume de Grenade. — Tribut qu'il payait à la couronne de Castille.

Si l'histoire des guerres qui ont étonné le monde et changé les destinées des empires a toujours été considérée comme un sujet digne d'occuper le sage, quel intérêt ne doit pas présenter une guerre sainte, entreprise par un roi catholique pour rendre la lumière de la foi au royaume de Grenade, l'une des plus belles régions du globe, alors plongée dans les ténèbres de l'erreur! C'est de cette pieuse croisade que nous allons entretenir nos jeunes lecteurs.

Huit siècles s'étaient écoulés depuis que la défaite de Rodrigue, le dernier des rois Goths, avait rendu les Arabes maîtres de l'Espagne. A compter de cette époque, les princes chrétiens avaient reconquis ces provinces les unes après les autres; mais le territoire de Grenade était resté sous la domination des infidèles.

Ce royaume célèbre était situé dans la partie méridionale de l'Espagne, sur les bords de la Méditerranée, et défendu du côté de la terre par des montagnes hautes et escarpées. Au centre s'élevait la ville de Grenade, abritée par la Sierra-Nevada, et couvrant deux collines élevées, séparées par la rivière du Darro.

L'une de ces collines était couronnée par le palais du roi et la forteresse de l'Alhambra, capable de contenir une armée de quarante mille hommes. D'après une tradition répandue parmi les Maures, le roi qui ordonna ces vastes constructions était versé dans les sciences occultes, et s'était procuré avec leur aide tout l'or et tout l'argent nécessaires. En effet, il n'a jamais existé d'édifice, où la magnificence des barbares eût brillé avec plus d'éclat; et aujourd'hui encore, l'étranger qui visite les cours désertes et silencieuses de l'Alhambra, contemple avec étonnement ses dômes dorés et ses somptueux décors dont la beauté a résisté à tous les ravages du temps.

En face de la colline sur laquelle était situé l'Alhambra, s'élevait sa rivale, dont le large plateau était couvert de maisons et dominé par une forteresse appelée l'Alcazaba.

Les côtés de ces collines étaient pareillement occupés par des habitations au nombre de soixante-dix mille, séparées, selon la coutume des Arabes, par des rues étroites et de petites places. Les maisons avaient dans leur intérieur des cours et des jardins, rafraîchis par des fontaines et plantés d'orangers, de citronniers et de grenadiers qui donnaient à la ville un aspect charmant *. L'ensemble était entouré de hauts remparts, de trois lieues de circuit, avec douze portes et plus de mille tours fortifiées. L'élévation du sol et le voisinage de la Sierra-Nevada, chaîne de montagnes couronnées de neiges perpétuelles, tempéraient les chaleurs de l'été, et tandis que d'autres lieux éprouvaient toutes les rigueurs de la canicule, une brise salutaire murmurait à travers les salles de marbre à Grenade.

Mais ce qui faisait surtout l'orgueil de cette ville, c'était sa *Vega* (plaine), qui s'étendait autour d'elle dans une circonférence de trente-sept lieues, limitée par les plus hautes montagnes. D'innombrables fontaines et le cours sinueux du Xénil arro-

* Les maisons placées sur la pente des coteaux, dans l'enfoncement de la vallée, donnent à la ville l'air et la forme d'une *grenade* entr'ouverte, d'où lui est venu son nom.

CHATEAUBRIAND.

saient cette plaine, ou plutôt ce jardin de délices. Les collines étaient revêtues de vergers et de vignobles, les vallons ornés de jardins, et les champs couverts des plus riches moissons. En un mot, la terre était si belle, l'air si pur et le ciel si serein dans cette heureuse région, que les Maures s'étaient imaginé que le paradis de leur Prophète se trouvait dans cette partie du firmament qui dominait le royaume de Grenade.

On avait laissé aux infidèles ce territoire riche et populeux, à condition qu'ils paieraient tous les ans au roi de Castille et de Léon un tribut de deux mille *doblas*, ou pistoles d'or, et de seize cents captifs chrétiens, ou, à défaut de captifs, d'un nombre égal de Maures, qui alors deviendraient esclaves.

A l'époque où commence cette histoire, Ferdinand et son épouse Isabelle régnaient sur les royaumes de Castille, de Léon et d'Aragon, et Muley-Aben-Hassan occupait le trône de Grenade.

Ce Muley-Aben-Hassan avait succédé à son père Ismaël en 1465, alors que Henri IV, frère et prédécesseur immédiat d'Isabelle, était roi de Castille et de Léon. Issu de l'illustre race de Mohamed-Aben-Alamar, premier roi maure de Grenade, il était devenu le plus puissant de sa lignée. En effet, son pouvoir s'était accru de la chute des royaumes environnants, conquis par les chrétiens; plusieurs villes et places fortes de ces provinces avaient refusé de se soumettre aux vainqueurs et s'étaient mises sous la protection de Muley. Ainsi augmenté, le territoire de Grenade comprenait quatorze villes et quatre-vingt-dix-sept forteresses, sans compter un grand nombre de bourgs et de villages, défendus par des châteaux formidables. Mais aussi l'orgueil de Muley s'était accru en même temps que ses possessions.

Le tribut dont nous venons de parler avait été payé régulièrement par son père Ismaël, et Muley lui-même avait assisté une fois à Cordoue à l'acquittement de cette dette. Témoin alors des insultantes railleries des fiers Castillans, et indigné de ce qu'il regardait comme un opprobre pour sa race, il s'était promis que cette scène humiliante de se renouvellerait pas sous son règne. A peine fut-il sur le trône qu'il refusa le tribut.

CHAPITRE II.

Les souverains catholiques réclament le tribut et les arrérages. — Réponse de Muley.

En 1478, un cavalier espagnol d'une taille imposante, suivi d'une escorte peu nombreuse, mais choisie, se présenta à la porte de Grenade, appelée *la porte d'Elvire*, pour réclamer de la part des souverains catholiques * le tribut et les arrérages. C'était don Juan de Vera, chevalier plein de zèle pour la foi et de dévouement pour la couronne.

Les Maures furent frappés de son air noble et sévère autant que de ses formes athlétiques. Ils crurent d'abord qu'il venait défier les chevaliers maures, soit pour un tournoi prochain, soit pour une joute *aux roseaux*; car c'était la coutume

* Ferdinand et Isabelle sont appelés ici *les Souverains*, parce que, comme dit un historien, ils vivaient ensemble non comme deux époux dont les biens sont communs sous les ordres du mari, mais comme deux monarques étroitement unis par leurs communs intérêts.

(NOTE DU TRADUCTEUR.)

des deux nations de se mêler dans ces jeux durant les intermittences de la guerre.

Muley reçut don Juan en cérémonie dans la salle des ambassadeurs, l'une des plus belles de l'Alhambra. Lorsque le chevalier chrétien se fut acquitté de son message, un sourire hautain et amer crispa les lèvres du monarque. « Dites à vos souverains, répondit-il, que les rois de Grenade qui avaient coutume de payer le tribut sont morts. Aujourd'hui notre hôtel des monnaies ne bat plus que des lames de cimeterre et des fers de lance. »

Don Juan écouta avec une froide courtoisie le défi que renfermait cette réponse altière, et sortant gravement de la salle, il passa dans la *cour des Lions*, et s'arrêta devant la célèbre fontaine de cette cour. Là, une discussion s'engagea entre lui et quelques courtisans maures sur certains articles de la foi. Malgré l'indignation que causaient au chevalier chrétien les sophismes des infidèles, il conserva sa dignité. Mais un Maure de la race des Abencerrages ayant osé mettre en doute l'immaculée conception de la Vierge, il ne put retenir plus longtemps sa colère, et répondant à son adversaire qu'il en avait menti, il le frappa de son épée.

Aussitôt la cour retentit du bruit des armes ; le sang aurait souillé les eaux de la fontaine, si Muley n'était venu soustraire le chevalier espagnol à la fureur des Abencerrages. Ceux-ci jurèrent de venger cet affront, et don Juan pria la mère du Sauveur de lui donner l'occasion de prouver son immaculée conception sur la tête de l'infidèle.

Le roi maure envoya à l'ambassadeur, avant son départ, un cimeterre du plus fin acier de Damas, dont la garde en or était enrichie de pierreries. « Sa Majesté, dit l'Espagnol avec un sourire sardonique, me donne là une arme bien tranchante! J'espère qu'un jour viendra où je pourrai lui faire voir que je sais me servir de son royal présent. »

Don Juan et ses compagnons profitèrent de leur voyage à Grenade pour reconnaître l'état du pays. Ils remarquèrent, mais sans effroi, que leurs ennemis étaient préparés au combat, et que toutes les dispositions étaient prises pour soutenir au besoin un siége long et opiniâtre.

En traversant le royaume jusqu'aux frontières du territoire chrétien, ils virent pareillement toutes les villes fortifiées et tous les défilés des montagnes défendus par des châteaux, du haut desquels les sentinelles maures semblaient leur lancer des regards de haine et de défi.

CHAPITRE III.

Commencement des hostilités. — Prise de Zahara.

La guerre dans laquelle Ferdinand était alors engagé avec le Portugal et le besoin de réprimer la révolte de quelques-uns de ses nobles, l'empêchèrent de répondre aussitôt au défi du roi de Grenade. Mais au bout de trois ans, ces obstacles n'existant plus, les souverains castillans purent s'occuper librement de ce qui avait toujours été l'objet principal de leur ambition depuis la réunion de leurs couronnes, la conquête de Grenade et l'entière expulsion des Maures du territoire espagnol.

Muley apprit sans crainte les intentions hostiles de Ferdinand. Outre les trésors qu'il avait eu le temps d'amasser, et les troupes auxiliaires qui lui étaient venues de la Barbarie, il avait conclu des traités avec les princes africains, qui s'engagèrent à venir à son secours en cas de nécessité. Ses sujets avaient le bras fort, le cœur courageux. Habitués à toutes les manœuvres de la guerre, ils combattaient à pied avec adresse, mais encore mieux à cheval, soit qu'ils fussent pesamment armés, soit que, montés *à la Geneta,* ils n'eussent d'autres armes que la lance et la targe.

Muley, ainsi préparé à la guerre, crut pouvoir porter le premier coup. Parmi les clauses du dernier traité il en était une qui permettait à l'un et à l'autre parti de faire des incursions sur le territoire ennemi, et même d'attaquer les places fortes, pourvu que ce fût par stratagème et furtivement, sans déploiement de bannières ni campements réguliers, et que ces attaques ne se prolongeassent pas au delà de trois jours. Depuis longtemps les Maures n'avaient songé à profiter de cette clause singulière, et partant les villes chrétiennes de la frontière se laissaient aller à une sécurité pleine de négligence.

Muley cherchait encore quelle place il devait attaquer, lors qu'on lui apprit que la forteresse de Zahara était faiblement gardée. Ce poste important, situé sur la frontière entre Ronda et Medina Sidonia, au sommet d'une montagne, était encore dominé par un château qui s'élevait à une hauteur extraordinaire. Un seul chemin y conduisait, et ce chemin, ainsi que les rues de la ville et plusieurs habitations étaient taillés dans le roc. La position de cette place était si forte, que pour peindre une âme d'une vertu solide, les Espagnols disaient : *C'est une Zakarena.* Mais la ville la plus forte, comme la vertu la plus sévère, ont leur côté faible, et demandent une vigilance continuelle si l'on ne veut pas risquer de les perdre.

Quelques jours avant la fête de Noël de l'année 1481, les habitants de Zahara furent réveillés au milieu de la nuit par le cri d'alarme : *les Maures! les Maures!* Ce cri terrible se mêlait au bruit des armes, aux gémissements de la douleur et aux acclamations de la victoire.

Profitant d'un affreux orage, Muley avait traversé les montagnes sans être aperçu. Il trouva les murs de la ville et du château dégarnis de leurs sentinelles que la tempête avait chassées de leurs postes ; il les escalada facilement, et la garnison ne soupçonnait encore aucun danger que déjà le massacre régnait dans l'intérieur de la place.

Le combat ne fut pas long. Ceux que le fer avait épargnés et qui n'avaient pu se cacher, se rendirent prisonniers; on les réunit sur la place publique, où ils furent gardés jusqu'à la fin de la nuit. Muley resta sourd aux pleurs de tous ces malheureux assemblés pêle-mêle sans distinction d'âge ni de sexe, et presque sans vêtements, malgré la rigueur de la saison, et il ordonna de les emmener. Après avoir laissé à Zahara une garnison considérable, il reprit le chemin de sa capitale, chargé de dépouilles, et portant en triomphe les bannières qu'il avait prises aux vaincus.

Pendant que l'on faisait à Grenade les préparatifs des fêtes que Muley avait ordonnées pour célébrer sa victoire, on vit arriver les prisonniers épuisés de fatigue et abattus par le désespoir. Ce triste spectacle révolta tous les habitants et particulièrement les femmes, qui serraient leurs enfants contre leur sein, comme si eux aussi devaient un jour éprouver le sort des enfants de Zahara, mourants dans les bras de leurs mères. De toutes parts s'élevaient des accents de pitié pour ces infortunés et des imprécations contre la cruauté du roi. Les préparatifs des réjouissances furent interrompus, et les viandes apprêtées pour les vainqueurs furent distribuées parmi les captifs.

Les nobles et les alfaquis, ou docteurs de la foi, réunis dans l'Alhambra, félicitaient le monarque, lorsque tout à coup une voix terrible retentit et domina leurs voix adulatrices. « Malheur! dit-elle, malheur à Grenade! l'instant de sa désolation s'approche! Les ruines de Zahara vont retomber sur nos têtes! »

Tous les assistants reculèrent d'effroi. Celui qu'ils venaient d'entendre était un vieillard courbé sous le poids des ans; mais l'âge n'avait point affaibli le feu de son esprit. Ses yeux brillaient d'un éclat sinistre. Il appartenait à cette classe de Musulmans que l'on appelle *Santons*.

Muley seul ne fut point ému. Il jeta sur le vieillard un regard de mépris, et le traita d'insensé.

Le santon quitta le palais, et parcourant la ville, il répéta partout sa menaçante prophétie. « La paix est rompue ! une guerre d'extermination est commencée ! malheur à Grenade ! la désolation habitera ses palais ! ses guerriers tomberont sous le fer ! ses enfants et ses vierges seront emmenés en esclavage ! Grenade éprouvera le même sort que Zahara ! »

Ces paroles que l'on croyait inspirées du ciel eurent un grand retentissement. Les habitants effrayés se renfermèrent dans leurs demeures, comme dans un temps de deuil public ; ou, s'ils en sortaient, ce n'était que pour se communiquer leurs craintes et maudire ensemble la cruelle précipitation du roi.

Muley ne se laissa pas intimider par ces murmures. Il essaya encore, mais en vain, de surprendre Castellar et Olvera, et envoya des alfaquis aux puissances barbaresques pour leur apprendre que l'épée était tirée, et les inviter à défendre avec lui la cause de leur religion.

CHAPITRE IV.

Expédition du marquis de Cadiz contre Alhama.

Ferdinand ne put apprendre sans un profond chagrin qu'il avait été prévenu par son ennemi. Il manda aussitôt à tous les atelantados et alcaydes, ou gouverneurs militaires de la frontière, de veiller à la défense de leur pays, et envoya en même temps des religieux de différents ordres exciter les chevaliers chrétiens à prendre part à la croisade qu'il projetait contre les infidèles.

Au nombre des vaillants chevaliers qui accoururent à la voix de Ferdinand était don Rodrigue Ponce de Léon, marquis de Cadiz. D'une taille moyenne, mais d'une force extraordinaire, il était capable de supporter les plus grandes fatigues. Sobre et chaste, juste et libéral envers ses vassaux, dévoué pour ses amis, terrible et pourtant généreux envers ses ennemis, il a mérité d'être comparé au Cid par les historiens contemporains.

Il possédait en Andalousie de vastes domaines avec plusieurs villes et châteaux, et pouvait ainsi lever une armée parmi ses seuls vassaux. En recevant les ordres de Ferdinand, il conçut le projet de se signaler par quelque expédition soudaine qui pût consoler ses souverains de la perte de Zahara. Comme il entretenait toujours un grand nombre d'*adalides,* ou batteurs d'estrade, qu'il envoyait sur les frontières voisines de ses domaines, pour observer les mouvements des ennemis, un de ces éclaireurs vint un jour lui annoncer que la ville mauresque d'Alhama n'était que négligemment gardée par une faible garnison. C'était une place riche et peuplée située sur un rocher, à quelques lieues de Grenade, et protégée par une citadelle d'un abord très-difficile.

Pour s'assurer complétement de l'état de la forteresse, le marquis y envoya Ortega de Prado, à qui son courage et son adresse avaient mérité le grade de capitaine des *escaladores* *. Ortega s'approcha d'Alhama par une nuit obscure; et se glissant le long des remparts, il reconnut au bruit des pas des sentinelles et aux mots d'ordre des rondes que la ville était bien gardée. Il grimpa ensuite jusqu'au château : tout y était tranquille et silencieux; aucune sentinelle ne paraissait à son poste. Après avoir remarqué les endroits où l'on pourrait appliquer les échelles, il retourna à

* Ceux qui montent avec des échelles sur les murs d'une place qu'on assiége.

Marchena auprès du marquis, et lui fit part de ses observations.

Le marquis eut une conférence secrète avec ses amis, qui consentirent à l'aider dans son entreprise. Ils se réunirent, au jour indiqué, à Marchena, avec leurs troupes, et l'on donna aussitôt le signal du départ. Le chemin que suivait cette petite armée, en tout composée de trois mille genetas et de quatre mille hommes d'infanterie, était peu fréquenté, et ce ne fut qu'avec beaucoup de peines qu'elle traversa les défilés de la Sierra d'Alzeriffa. Elle se reposait le jour et marchait de préférence la nuit et dans le plus grand silence. Après avoir laissé ses bagages sur les bords de l'Yeguas, elle arriva vers le milieu de la troisième nuit dans une vallée profonde à une demi-lieue d'Alhama. Là seulement le marquis apprit aux troupes le but de l'expédition qu'on leur avait laissé ignorer jusqu'alors, pour être plus sûr du succès qui dépendait du secret autant que de la célérité.

Animées par les paroles de leur chef, elles demandèrent à être immédiatement conduites à l'assaut. Elles arrivèrent devant Alhama deux heures avant le point du jour, et tandis que le gros de l'armée restait en embuscade, trois cents hommes d'élite et une trentaine d'*escaladores* portant des échelles furent conduits par Ortega de Prado jusqu'au pied du château.

La place était plongée dans le sommeil, et les *escaladores*, après avoir planté leurs échelles contre les murs, y montèrent sans obstacle. Ortega s'avança avec sa troupe le long du parapet, jusqu'à la porte de la citadelle, surprit la sentinelle, et l'obligea, le poignard sur la gorge, à lui montrer le chemin du corps-de-garde. Tous les soldats qui s'y trouvaient furent massacrés, et avant que l'alarme fût donnée, les trois cents hommes d'élite étaient déjà sur les remparts et occupaient les tours. Bientôt tout le château retentit du bruit des armes et des cris des combattants.

Le gros de l'armée, averti par le tumulte de la prise du château, sortit alors du lieu où il était caché, et s'approcha des remparts en poussant de grands cris. Ortega parvint à ouvrir une poterne; le marquis de Cadiz y entra avec une suite nombreuse, et la citadelle resta au pouvoir des chrétiens.

En visitant les appartements du château, le marquis trouva l'épouse de l'alcayde, alors absent. Elle se jeta à ses pieds pour implorer sa pitié. Le chevalier la releva avec bonté, et lui promit sa protection ainsi qu'à toutes ses femmes.

La citadelle était prise; mais déjà la ville était préparée au combat. Quoique pour la plupart marchands ou artisans, les habitants ne manquaient pas de courage et connaissaient comme tous les Maures le maniement des armes. Se confiant dans la force de leurs murs, et dans les secours qu'ils attendaient de Grenade, dont ils n'étaient éloignés que de huit lieues, ils reçurent les assiégeants avec une grêle de pierres et de traits, et après avoir barricadé les rues qui conduisaient au château, ils y placèrent une troupe d'arbalétriers et d'arquebusiers, pour empêcher les chrétiens de sortir de leur refuge.

Quelques-uns des chefs de l'armée espagnole, craignant d'être assiégés à leur tour par les renforts qui, d'un instant à l'autre, pouvaient arriver de Grenade, proposèrent de piller le château, d'y mettre le feu et de se retirer en bon ordre à Séville. « Dieu a remis la citadelle entre nos mains, répondit le marquis ; il nous donnera aussi la force de ne point la lâcher. Ce serait une tache à notre honneur que d'abandonner une place dont la conquête nous a coûté tant de sang. »

Après un léger repas, le corps d'armée qui était devant la ville s'avança vivement à l'assaut, escalada les murs et attaqua l'ennemi avec autant de bravoure que de succès. Le marquis, voyant la porte du château, qui conduisait dans la ville, complétement dominée par le feu des assiégés, fit alors pratiquer une brèche, et, à la tête de ses troupes, il entra dans la place l'épée à la main.

Les Maures résistèrent avec un courage qu'on était loin d'attendre d'une population paisible et énervée par l'abus des bains chauds. Jeunes et vieux, forts et faibles, tous les habitants se battaient en désespérés dans les rues, du haut des fenêtres et des toits de leurs maisons. Exaltés jusqu'à la fureur par les cris de leurs femmes et de leurs enfants, ils ne faisaient aucune attention à leurs blessures et continuaient leur inutile résistance. En les voyant tomber à la porte de leurs maisons, on eût dit qu'ils voulaient en fermer l'entrée avec leurs cadavres.

Le combat dura jusqu'à la nuit. Les Maures, obligés de céder, se retranchèrent dans une mosquée près des remparts; mais les chrétiens, couverts de boucliers et de mantelets, pénétrèrent à travers les traits que leur lançaient les assiégés jusqu'aux portes, et y mirent le feu. Alors les infidèles perdirent entièrement courage; les uns se jetèrent tête baissée dans les rangs de l'ennemi, et y trouvèrent la mort; les autres se rendirent à discrétion.

Enfin, maîtres de la ville, les chrétiens la mirent au pillage. Le butin fut immense, car c'était à Alhama, appelée à cause de sa force et de sa position *la clef de Grenade,* que se rassemblaient les revenus de la couronne. Comme on était persuadé de l'impossibilité de garder longtemps cette place, tout ce qui ne pouvait être emporté fut détruit. Les huiles furent répandues et les grains jetés au vent. Plusieurs chrétiens pris à Zahara et ensevelis depuis dans les cachots, furent rendus à la lumière et à la liberté.

CHAPITRE V.

La nouvelle de la prise d'Alhama arrive à Grenade. — Efforts de Muley pour la reprendre. Le duc de Medina-Sidonia s'empresse d'aller au secours des assiégés.

Un cavalier maure venait d'arriver à bride abattue à la porte de l'Alhambra. « Les chrétiens, dit-il au roi, ont surpris cette nuit le château d'Alhama ; il y a eu un combat terrible sur les murs et dans les cours. Quand j'ai quitté la ville, le château était déjà au pouvoir des mécréants. »

Muley ne put s'empêcher de reconnaître la justice du ciel, qui le punissait des cruautés commises à Zahara. Espérant néanmoins avoir encore le temps de sauver sa ville, il y envoya mille hommes de cavalerie. Ceux-ci, étonnés de voir l'étendard chrétien flotter sur les tours de la place, et effrayés de l'approche d'un corps de troupes qui sortait à leur rencontre, retournèrent précipitamment à Grenade. Ils y entrèrent dans le plus grand désordre, et répandirent partout la terreur : « Alhama est prise! s'écriaient-ils, l'ennemi tient la clef de Grenade! »

Le peuple se rappela alors les paroles du santon, et l'on n'entendit plus par la ville que des soupirs et des lamentations; le cri : *Ay de mi Alhama!* (malheur à moi, Alhama!) était dans toutes les bouches, et cette exclamation de la douleur devint plus tard le refrain d'une plaintive romance encore chantée de nos jours.

La douleur des femmes fut plus bruyante que celle des hommes; elles pénétrèrent en grand nombre jusqu'en la présence du roi : « Maudit soit le jour, lui dirent-elles en pleurant et en s'arrachant les cheveux, maudit soit le jour où tu as allumé le flambeau de la guerre! Puisse notre saint Prophète témoigner devant Allah que nous et nos enfants nous sommes innocents de ta coupable présomption! Que le péché de la désolation de Zahara retombe sur ta tête et sur ta postérité jusqu'à la fin du monde! »

Mais le cœur de Muley était endurci, comme autrefois celui de Pharaon; son aveugle fureur devait hâter la délivrance de son pays, trop longtemps soumis au joug des infidèles. Il partit aussitôt avec trois mille chevaux et cinquante mille hommes d'infanterie, et dans son impatience il ne put attendre son artillerie et les diverses machines nécessaires pour un siége.

Le marquis de Cadiz avait un fidèle ami; c'était don Alonzo de Cordoue, seigneur d'Aguilar, et frère de ce Gonzalve de Cordoue qui devint si célèbre sous le nom de grand capitaine d'Espagne, mais qui alors débutait seulement dans la carrière des armes. Don Alonzo n'avait pu accompagner le marquis dans son expédition, mais il s'était bientôt empressé de rassembler une armée, et il la lui amenait. Le marquis apprit cette nouvelle avec joie; néanmoins, craignant que son ami ne tombât entre les mains du roi de Grenade, qui s'approchait avec des forces considérables, il lui envoya un courrier pour lui recommander de ne pas aller plus loin.

Alors don Alonzo résolut de prendre une bonne position dans les montagnes et d'y attendre le roi maure. Il renonça ensuite à ce projet, et voulut de nouveau se jeter dans Alhama pour partager le sort de son ami; mais il était trop tard, Muley s'avançait déjà pour l'attaquer lui-même. Don Alonzo se résigna, et emportant les bagages que l'armée du marquis avait laissés sur le Yeguas, il se retira vers Antequerra. Muley ne pouvant l'atteindre, tourna de nouveau ses forces contre Alhama.

En approchant de la place, l'armée maure vit avec horreur les champs couverts des cadavres que les chrétiens n'avaient pu ensevelir, et que se disputaient des troupeaux de chiens affamés. Après avoir chassé ces animaux, les infidèles se précipitèrent comme des forcenés contre les remparts, et dressèrent de tous côtés des échelles.

Le marquis de Cadiz et les autres chefs de l'armée chrétienne s'étaient distribués le long des murs pour soutenir et diriger le courage de leurs soldats. Les Maures reçurent sur leurs têtes, qu'aucun mantelet ne protégeait, tous les projectiles que leur lançaient les assiégés; à mesure qu'ils montaient sur les remparts, ils étaient taillés en pièces ou renversés avec leurs échelles.

Muley ne se possédait plus de colère; il envoya à l'assaut détachement sur détachement, ils furent repoussés les uns après les autres, comme les vagues d'une mer irritée qui viennent se briser contre les rochers. Le pied des remparts était couvert de monceaux de cadavres; d'un autre côté, les chrétiens faisaient de fréquentes sorties, et répandaient partout le carnage.

Don Juan de Vera revenait d'une de ces expéditions courtes et terribles, lorsqu'il entendit une voix qui l'appelait avec courroux: « Retourne en arrière, criait-elle, toi qui sais insulter dans les salons; montre à présent que tu sais aussi combattre sur le champ de bataille! »

Le chevalier chrétien se retourna, et reconnut le même Abencerrage qu'il avait frappé dans la *cour des Lions*. Aussitôt il mit sa lance en arrêt, et piqua son coursier; au premier choc sa lance entra dans la bouche du Maure, et le jeta sans vie sur la poussière. Ainsi fut vengée la mère de Dieu des outrages des infidèles.

Muley sentit la faute qu'il avait commise en partant de Grenade sans artillerie; honteux de son impuissance, il donna l'ordre de miner les remparts. Les Maures furent encore repoussés par les troupes qui sortaient de la place, et tués jusque dans les excavations qu'ils avaient déjà commencées. Le combat dura une journée entière, et, le soir, deux mille infidèles étaient tués ou blessés.

Désespérant alors d'emporter la place d'assaut, le roi maure essaya de la réduire en détournant le cours d'une rivière qui en baignait les murs et fournissait aux habitants toute l'eau dont ils avaient besoin; car la ville n'avait ni fontaines ni citernes, et s'appelait pour cette raison *Alhama la Seca* (la sèche).

Un combat désespéré s'engagea sur les bords de la rivière entre les Maures, qui s'efforçaient d'y planter des pieux, et les chrétiens, qui cherchaient à les en éloigner; les flots étaient rouges de sang, et le canal encombré de cadavres. Repoussés plusieurs fois, les chrétiens se virent enfin obligés de céder au nombre, et les Maures réussirent à détourner la plus grande partie de la rivière.

Il ne restait plus aux Espagnols qu'un mince filet d'eau; encore tandis que les uns y puisaient, il fallait que les autres se battissent pour les protéger, de sorte que l'on pouvait dire que chaque goutte d'eau était achetée au prix d'une goutte de sang.

Cependant les souffrances de la ville devinrent extrêmes. Grand nombre de blessés et de prisonniers périrent dans une espèce de rage, faute de pouvoir satisfaire la soif brûlante qui les dévorait. Les soldats étendus sur les remparts n'avaient plus la force de manier une fronde, tandis que plus de cinq mille Maures leur lançaient du haut d'un rocher une grêle de pierres et de traits.

Dans leur détresse les chefs envoyèrent des messagers secrets à Séville et à Cordoue, ainsi qu'à Medina-del-Campo, où se trouvaient alors les souverains, pour demander des secours. Une citerne heureusement découverte soulagea un instant les souffrances des assiégés.

La nouvelle de ces désastres répandit l'inquiétude dans toute l'Andalousie ; mais elle fut accablante pour la marquise de Cadiz. Après avoir longtemps cherché un homme qui eût assez d'influence pour soulever tout le pays et le faire courir au secours de son mari, elle arrêta son choix sur don Juan de Guzman, duc de Medina-Sidonia, l'un des plus puissants seigneurs de l'Espagne. Une inimitié profonde séparait alors le duc et don Rodrigue ; mais la marquise jugeant de la générosité de son ennemi par celle qui l'animait elle-même, s'adressa à lui avec confiance, et le résultat fit voir que les âmes nobles s'entendent toujours.

A peine le duc eut-il reçu cet appel qu'il déposa tout sentiment d'animosité, et résolut d'aller lui-même au secours du marquis. Il eut bientôt rassemblé autour de lui une armée de cinquante mille hommes d'infanterie et de cinq mille chevaux.

Dans le nombre des chevaliers qui avaient offert de l'accompagner se trouvaient le redoutable Alonzo de Aguilar avec son jeune frère Gonzalve de Cordoue, don Rodrigue Giron, maître de l'ordre de Calatrava, et le marquis de Villena, réputé la meilleure lance d'Espagne. Cette brillante armée sortit de Séville, précédée du grand étendard de cette antique cité.

Ferdinand était à la messe quand il reçut la nouvelle de la prise d'Alhama ; il fit aussitôt chanter un *Te Deum* en action de grâces; mais sa première joie n'était point encore passée, qu'il apprit aussi le danger où se trouvaient les vainqueurs, et il résolut de se rendre en personne sur le théâtre de la guerre. Pendant qu'on préparait ses chevaux, il prit un léger repas, et après avoir fait prier son épouse de le suivre, il partit, accompagné du duc d'Albuquerque, du comte de Tendilla et de plusieurs autres chevaliers de distinction.

Arrivé à cinq lieues de Cordoue, le duc d'Albuquerque représenta au roi l'imprudence qu'il y aurait à entrer avec une telle précipitation sur le territoire ennemi, ajoutant que les monarques ses prédécesseurs n'avaient jamais franchi les frontières sans être entourés d'un corps considérable de braves guerriers de la Vieille-Castille.

— Duc, répliqua le roi, j'ai quitté Medina avec la ferme volonté de secourir moi-même nos braves chevaliers assiégés dans leur conquête. Je prendrai les troupes que je trouverai dans ce pays sans attendre celles de Castille, et avec l'aide de Dieu je poursuivrai ma route.

Les principaux habitants de Cordoue vinrent à la rencontre de Ferdinand; mais ayant appris que le duc de Medina-Sidonia l'avait devancé, et pressé de le rejoindre, le monarque ne voulut pas entrer dans la ville, et changeant ses chevaux contre ceux des habitants qui étaient venus pour le recevoir, il repartit aussitôt.

Il envoya quelques courriers en avant pour annoncer au duc de Medina son intention de prendre lui-même le commandement de l'armée. Ni le duc ni ses compagnons d'armes n'étaient disposés à suspendre leur marche, et ils répondirent aux messagers du roi qu'étant déjà sur le territoire ennemi, ils ne pouvaient s'arrêter ni reculer sans danger, ajoutant qu'ils avaient reçu de nouvelles instances de la part des assiégés, qui pouvaient d'un moment à l'autre être accablés par l'ennemi.

Malgré le petit nombre de chevaliers qui l'entouraient, Ferdinand aurait continué sa route, sans les représentations énergiques qui lui furent adressées. Il consentit donc à attendre des nouvelles de l'armée dans la ville frontière d'Antequerra.

Tandis que toute l'Andalousie se soulevait, la garnison d'Alhama était réduite à la dernière extrémité. Le manque d'eau, les veilles et les combats continuels avaient harassé le corps et l'esprit du soldat, que le marquis s'efforçait encore de soutenir en partageant lui-même toutes ses fatigues.

Quand Muley apprit l'arrivée du duc de Medina, il sentit qu'il n'y avait point de temps à perdre, et qu'il fallait tenter un dernier mais redoutable effort pour emporter Alhama, ou se résigner à l'abandonner entièrement aux chrétiens.

Plusieurs chevaliers maures entreprirent de satisfaire les désirs de leur prince. Un matin avant le jour, ils s'approchèrent de la ville par un côté du rocher considéré comme inaccessible ; et sans être découverts ils dressèrent leurs échelles, tandis que Muley, pour distraire l'attention des assiégés, faisait une fausse attaque du côté opposé.

Ils montèrent avec peine et en petit nombre : la sentinelle fut tuée à son poste, et soixante-dix Maures pénétrèrent dans les rues avant que l'alarme fût donnée. Cependant la garnison courut sur les remparts où les ennemis continuaient de monter. Après un combat sanglant, pendant lequel les échelles furent renversées dans la plaine avec tous ceux qui les montaient, chrétiens restèrent encore maîtres des murs. Ils poursuivirent ensuite ceux des infidèles qui étaient entrés dans la ville et dont il était facile de reconnaître la route par les traces de sang et les cadavres qu'ils laissaient derrière eux.

Déjà les Maures avaient atteint la porte de la ville, et allaient l'ouvrir aux assiégeants, lorsque, enveloppés par les chrétiens, ils se rangèrent en un cercle au milieu duquel ils mirent la bannière du prophète. Ils se défendirent avec le courage du désespoir; mais leur cercle se rétrécissait toujours, et bientôt il ne resta plus qu'un seul combattant, qui mourut en tenant la bannière fortement embrassée. On déploya cette bannière sur les remparts, et on jeta les têtes des infidèles dans les rangs de leurs compagnons.

Transporté de rage, Muley s'arracha la barbe, quand il vit cet échec qui le privait de ses plus braves guerriers. Mais ayant appris par ses éclaireurs l'approche d'une armée chrétienne, il perdit entièrement courage et se hâta de reprendre le chemin de Grenade.

Les assiégés poussèrent des cris de joie en voyant d'un côté leurs ennemis s'enfuir précipitamment, et de l'autre leurs amis arriver à leur secours. Ce fut un spectacle bien touchant que la rencontre du marquis de Cadiz et du duc de Medina. Ils s'embrassèrent en versant des larmes, et à compter de ce jour ils devinrent de vrais et fidèles amis.

Une garnison de troupes fraîches fut laissée à Alhama, et celles qui l'avaient si vaillamment prise et défendue retournèrent dans leurs foyers, chargées de butin. Le marquis et le duc se rendirent à Antequerra auprès du roi, qui les accueillit avec la plus grande distinction. Après que le duc eut accompagné son nouvel ami jusqu'à Marchena, où il reçut les remerciements et les bénédictions de la marquise, ils se séparèrent comme deux frères, chacun avec la part de gloire qu'il avait acquise dans la dernière campagne, le marquis en prenant une des places les plus importantes du royaume de Grenade, le duc en subjuguant son plus mortel ennemi par un grand acte de magnanimité.

CHAPITRE VI.

Événements à Grenade. — Boabdil est proclamé roi.

En revenant d'Alhama, Muley fut reçu par le peuple de sa capitale avec des gémissements et des imprécations étouffées. La prédiction du santon paraissait devoir bientôt s'accomplir, car l'ennemi était déjà dans le cœur du royaume. Mais le mécontentement fermentait plus secrètement et aussi plus dangereusement parmi les grands personnages. Muley était d'un caractère farouche et cruel : son règne avait été marqué par des actes sanguinaires, commis surtout contre la famille des Abencerrages, la plus noble parmi les Maures. Un complot se trama pour le renverser du trône.

Le roi affectionnait particulièrement deux de ses épouses. La première, appelée Ayxa-la-Horra ou la Chaste, lui avait donné un fils qui devait hériter du trône. Le nom de ce prince était Mahomet Abdallah ; mais il est plus connu des historiens sous le nom de Boabdil, auquel ils ajoutent celui d'El Chico (le jeune) pour le distinguer de son oncle. A sa naissance, les astrologues tirèrent son horoscope : « *Allah Achbar! Dieu est grand!* s'écrièrent-ils, saisis de frayeur. Il est écrit dans les cieux que le prince s'assiéra sur le trône de Grenade, mais que la chute de l'empire s'accomplira sous son règne. »

A partir de ce jour le jeune prince fut regardé avec aversion par son père, et les persécutions qu'il eut à souffrir, jointes à la sinistre prédiction qui avait marqué son entrée dans le monde, lui firent donner le surnom d'*El Zogoybi*, l'*Infortuné*.

L'autre épouse favorite du monarque était Fatima la Zoroya (lumière de l'aurore), chrétienne de naissance, mais qui encore bien jeune avait été emmenée en esclavage. Aussi ambitieuse que belle, et désirant voir un de ses deux fils sur le trône de Grenade, cette femme réussit par ses artifices à détruire toute l'affection du monarque pour ses autres enfants, et à le remplir de soupçons sur les indignes projets qu'elle leur attribuait. Muley fit mourir publiquement deux de ses fils devant la fontaine de la cour des Lions, déjà signalée dans l'histoire des Maures comme le théâtre de beaucoup de morts violentes; et après avoir répudié Ayxa, il la renferma avec son fils dans la tour de Comarès, l'une des principales de l'Alhambra.

La Zoroya n'était pas encore satisfaite. Pour achever de perdre Boabdil, elle rappela au roi la prédiction des astrologues. Le glaive de l'exécuteur, répondit Muley, montrera la fausseté de cet horoscope, et réduira au silence l'ambition de Boabdil, comme il a fait taire celle de ses frères.

Ayxa fut avertie en secret des cruels desseins du roi. Afin de les prévenir, une nuit que tout le château était plongé dans le sommeil, elle noua les uns aux autres les châles et les écharpes de ses esclaves, et, aidée de ces femmes, elle fit glisser le jeune prince du haut de la tour. Boabdil trouva au bord du Darro un cheval que sa mère avait fait amener par un serviteur fidèle, et partit pour Guadix. Il y resta quelque temps caché; mais s'étant fait bientôt des partisans, il se fortifia dans la place et put défier tous les artifices de son père.

Tel était l'état des affaires quand Muley revint d'Alhama. Les nobles qui s'étaient ligués contre lui, après avoir concerté leurs mesures avec Boabdil, n'attendaient plus qu'une occasion pour mettre leur projet à exécution. Elle ne tarda pas à se présenter. Muley avait passé toute une journée dans une maison de plaisance aux environs de Grenade. Quand il voulut rentrer dans la ville, les portes étaient fermées : Boabdil avait été proclamé roi.

— Allah Achbar! s'écria-t-il. C'est en vain que je voudrais lutter contre tout ce qui est écrit dans le livre du Destin. Il a voulu que mon fils montât sur le trône ; qu'Allah détourne le reste de la prédiction !

Espérant néanmoins que le peuple finirait par rentrer dans le devoir, il tourna la bride de son cheval et prit la route de Baza, où il fut reçu avec enthousiasme. Quelque temps après, il revint à Grenade pendant la nuit, à la tête de cinq cents hommes. Ayant escaladé les murs de l'Alhambra, il se jeta comme une bête féroce au milieu de ses cours silencieuses. Les habitants ne se réveillèrent que pour tomber sous les coups du cimeterre. Il n'épargnait ni l'âge, ni le sexe ; les salles retentissaient de cris et de gémissements, et les fontaines étaient teintes de sang. Il descendit ensuite dans la ville avec sa troupe, et massacra les habitants sans défense, à mesure que, tirés du sommeil, ils sortaient de leurs maisons pour s'informer de la cause de cette alarme.

Lorsque, enfin, à la clarté des lumières allumées dans toutes les rues, on reconnut le petit nombre des assaillants, on les repoussa avec vigueur. Plusieurs furent tués, le reste chassé de la ville, et le vieux monarque se retira avec les débris de sa troupe dans sa fidèle ville de Malaga.

Ce fut là le commencement de ces grandes dissensions qui hâtèrent la chute du royaume, mais qui n'empêchèrent pas les deux factions ennemies de se réunir contre les chrétiens, leurs ennemis communs, toutes les fois que l'occasion s'en présentait.

CHAPITRE VII.

Expédition contre Loxa.

Le roi Ferdinand assembla un conseil de guerre à Cordoue. On y délibéra sur ce que l'on ferait d'Alhama. La majorité des membres fut d'avis d'en raser les fortifications, vu que l'on ne pourrait conserver cette place qu'avec une forte garnison et d'énormes dépenses. Mais Isabelle, arrivant au milieu des délibérations, s'opposa avec force à la résolution qu'on allait prendre. Loin de se laisser effrayer par les difficultés que devait entraîner l'occupation d'Alhama, elle considérait cette ville comme un point d'appui que le ciel avait accordé aux chrétiens au centre du territoire ennemi, pour étendre de là leurs conquêtes sur tout le royaume.

Le langage de la reine convainquit les plus timides, et aussitôt on fit des préparatifs pour la conservation d'Alhama. On lui donna pour alcayde L. Fernandez Puerto Carrero avec quatre cents lances et mille hommes d'infanterie, et la ville fut approvisionnée pour trois mois. Ferdinand résolut en même temps de mettre le siége devant Loxa, place très-forte à peu de distance d'Alhama, et il envoya à toutes les villes de son royaume, l'ordre de fournir chacune son contingent de troupes et d'approvisionnements.

Les Maures ne furent pas moins actifs. Ils envoyèrent des députés en Afrique demander des secours aux princes barbaresques. Afin d'empêcher ces derniers de rien entreprendre, les souverains castillans firent partir une flotte pour le détroit de Gibraltar avec ordre de balayer toute la côte de Barbarie.

Pendant ces préparatifs, Ferdinand fit une incursion dans le royaume de Grenade et dévasta une grande partie de la *Vega*.

Ce fut vers la fin de juin, qu'il partit de Cordoue pour aller mettre le siége devant Loxa. Il se croyait si sûr du succès, qu'il laissa une grande partie de son armée à Ecija et ne prit avec lui que cinq mille hommes de cavalerie et huit mille d'infanterie. Le marquis de Cadiz lui fit à ce sujet quelques représentations; mais Ferdinand était impatient de frapper un coup brillant et décisif. Une orgueilleuse confiance régnait à cette époque parmi les chevaliers espagnols; ils passèrent la frontière sans crainte, quoiqu'ils ne fussent que médiocrement pourvus des choses nécessaires à une armée assiégeante dans un pays ennemi. Ce fut avec la même insouciance qu'ils se cantonnèrent devant Loxa. Tout à l'entour le pays était coupé et montagneux, de sorte qu'il était très-difficile d'y former un camp régulier, et presque impossible à la cavalerie d'y manœuvrer avec succès. D'un autre côté, la rivière du Xenil qui coule sous les murs de la ville était trop profonde pour offrir d'autre passage que celui du pont occupé par les Maures.

Ferdinand comprit trop tard le danger de sa position. Pour y remédier, il envoya plusieurs de ses plus vaillants chevaliers s'emparer d'une hauteur située en face du pont, et appelée par les Maures *Sancto Albohacen*. Ce premier effort lui réussit.

Loxa avait alors pour commandant Ali-Atar dont Boabdil avait épousé la fille. C'était un vieillard nonagénaire, mais qui paraissait n'avoir rien perdu de la vigueur de sa jeunesse. Il avait sous ses ordres trois mille cavaliers, et attendait chaque jour le vieux roi maure avec des renforts.

Ali-Atar ayant épié les mouvements de l'ennemi, résolut de profiter de ses fautes. Pendant la nuit il envoya secrètement un corps considérable de troupes s'embusquer derrière l'Albohacen. Le lendemain, il traversa le pont et commença une fausse attaque contre la hauteur. Les chrétiens s'élancèrent au-devant de lui, laissant leur camp presque sans défenseurs. Ali-Atar s'enfuit; les Espagnols le poursuivirent avec vigueur. Tout à coup ceux-ci entendent de grands cris derrière eux ; ils tournent la tête, et voient leur camp attaqué par les Maures, qui avaient gravi la hauteur du côté opposé.

Les chrétiens revinrent sur leurs pas pour s'opposer au pillage de leurs tentes ; mais Ali-Atar les poursuivant à son tour, ils se virent attaqués par devant et par derrière. Le combat dura une heure, et Ali-Atar, qui se battait avec la fureur d'un démon, ne se retira qu'à l'approche de forces supérieures envoyées au secours des chrétiens. Parmi les braves chevaliers qui succombèrent sur les monceaux d'ennemis qu'ils avaient abattus se trouva Rodrigue Giron, maître de Calatrava. Il fut pleuré de ses souverains et des chefs de l'armée comme un fidèle compagnon d'armes, tandis que le comte d'Urena le pleurait avec la tendre affection d'un frère.

Ferdinand reconnut enfin la sagesse des représentations que lui avait faites le marquis de Cadiz, et il se décida à se retirer avec son armée à Rio-Frio, à peu de distance de Loxa, pour y attendre les troupes qui devaient lui arriver de Cordoue. A peine Ali-Atar se fut-il aperçu qu'on pliait les tentes sur l'Albohacen, qu'il sortit, résolu à tenter une nouvelle attaque. Plusieurs soldats de l'armée espagnole, qui ne savaient encore rien du mouvement projeté par leurs chefs, voyant les tentes pliées et les Maures qui s'avançaient, s'imaginèrent que l'armée allait battre en retraite, et fuirent en désordre, après avoir répandu la confusion dans le camp.

Le roi et ses officiers s'efforcèrent de tenir tête aux Maures, pendant qu'on enlevait les tentes, l'artillerie et les munitions, et les repoussèrent vigoureusement ; mais les Maures revinrent bientôt en plus grand nombre et attaquèrent le roi qui s'était placé sur une éminence avec une poignée de chevaliers.

Deux fois Ferdinand avait dû la vie à la valeur de don Juan de Ribera, lorsque le marquis de Cadiz, à la tête d'une troupe de cavaliers, vint se placer entre lui et les ennemis. Après avoir percé de sa lance un des plus hardis d'entre les Maures, il combattit quelque temps sans autre arme que son épée ; mais il parvint à sauver son roi.

La journée entière se passa en combats sanglants, pendant lesquels le marquis se montra partout où le danger était le plus grand. Enfin, tout le camp étant levé, l'artillerie et les bagages emportés, on abandonna les hauteurs de l'Albohacen, et l'on évacua le voisinage de Loxa.

Ali-Atar poursuivit et harcela l'arrière-garde jusqu'à Rio-Frio. De là Ferdinand revint à Cordoue, humilié de sa défaite, mais guéri de sa trop grande confiance dans la force de ses armes par la sévère leçon qu'il venait de recevoir. Pour entretenir le courage de ses soldats et les consoler des derniers revers, il les conduisit une seconde fois dans la Véga qu'ils dévastèrent.

CHAPITRE VIII.

Muley-Aben-Hassan fait une incursion sur les terres de Medina-Sidonia.

Lorsque Muley arriva à Loxa avec les renforts qu'il avait promis, le dernier escadron de Ferdinand avait déjà repassé les frontières. Le roi maure conduisit ensuite ses troupes vers Alhama, dont les nouvelles de Loxa avaient consterné la garnison. L'alcayde Luis Fernandez réussit néanmoins à ranimer le courage de ses soldats, et tint Muley en échec, jusqu'à ce que l'approche de Ferdinand, lors de sa seconde invasion dans la Véga, obligeât l'armée maure à se replier sur Malaga.

Muley se sentait trop faible pour s'opposer à la puissante armée du monarque chrétien ; mais voulant conserver la popularité dont il jouissait parmi les Maures, il prit le parti de ravager aussi les terres de l'ennemi. Ayant appris que la chevalerie d'Andalousie avait laissé ce pays presque sans défense pour accompagner le roi, et que les domaines du duc de Medina-Sidonia, si riches en pâturages et en troupeaux, étaient surtout à découvert, il se prépara à y faire une incursion.

Suivi d'une armée de six mille hommes d'infanterie et de quinze cents chevaux, il se jeta sur le territoire chrétien, entre Gibraltar et Castellar, et campa sur les bords du Celemin. De là il envoya une troupe de quatre cents cavaliers dans les environs d'Algésiras, observer la forteresse de Gibraltar, d'où Pedro de Vargas pouvait le contrarier dans ses opérations. En même temps, quatre cents autres cavaliers allèrent ravager la plaine de Campina-Tarifa et les environs de Medina-Sidonia, d'où ils rapportèrent un immense butin. Ceux qui avaient été chargés de surveiller le rocher de Gibraltar revinrent aussi auprès de Muley, et le vieux roi apprit avec plaisir qu'ils n'avaient pas vu briller un seul casque chrétien.

Il se flattait d'avoir conduit son expédition avec le plus grand secret, cependant il n'avait pas trompé le vigilant Pedro de Vargas. Celui-ci ne pouvait quitter son poste, ayant à peine une garnison suffisante pour le défendre; mais il arriva heureusement dans la rade de Gibraltar une escadre commandée par Carlos de Valera. L'alcayde pria aussitôt cet officier de garder la place pendant son absence, et, sortant à minuit avec soixante-dix chevaux, il alla attendre Muley près de Castellar.

Le roi maure ne tarda pas à s'apercevoir aux feux allumés sur les montagnes, que l'alarme était donnée dans le pays, et il se rapprocha des frontières aussi promptement qu'il put, emmenant avec lui les bestiaux qu'il avait enlevés. Ce fut vers le milieu d'un jour brûlant d'été qu'il arriva près de Castellar. De Vargas l'épiait. Comme le gros de l'armée maure, où se trouvait le roi, était séparé de l'avant-garde par une longue file de troupeaux et par une épaisse forêt, l'alcayde crut pouvoir attaquer avec avantage la tête de la colonne, et, faisant un détour, il se cacha dans un vallon qui ouvrait sur un défilé par lequel les Maures devaient passer.

Pendant ce temps, six éclaireurs maures entrèrent dans le vallon pour explorer toutes les sinuosités où l'ennemi pouvait s'être embusqué. Ils allaient découvrir la petite troupe de l'alcayde, lorsque celui-ci donna le signal : dix cavaliers s'élancèrent contre eux. En un instant, quatre des éclaireurs furent tués, les autres s'enfuirent vers l'armée, poursuivis par les dix chrétiens. Environ quatre-vingts Maures de l'avant-garde accoururent au secours de leurs compagnons, et chassèrent à leur tour les chrétiens devant eux.

De Vargas fit alors sortir toute sa troupe, et chargea si vigoureusement l'avant-garde, que du premier choc il en renversa une grande partie. Les infidèles se battirent pendant quelque temps avec bravoure ; mais ayant perdu plusieurs de leurs chefs, ils prirent la fuite vers le reste de l'armée. Les chrétiens n'osant attendre Muley, et voyant de Vargas grièvement blessé, se hâtèrent de dépouiller les morts, et retournèrent à Castellar avec les chevaux qu'ils avaient pris.

Lorsque Muley vit ses soldats arriver en déroute, il craignit que le peuple de Xerès n'eût pris les armes. Piquant des deux, il courut au galop vers le champ de bataille. A la vue du carnage que les chrétiens venaient de faire, il ne se posséda plus de colère, et, s'avançant vers les portes de Castellar, il mit le feu à deux maisons qui touchaient aux remparts. Il fut repoussé par les troupes de de Vargas, et revint à l'endroit où s'était passée la première action. Il fit placer sur des mulets les corps des guerriers les plus distingués qu'il venait de perdre; le reste des tués fut enterré sur la place. Rassemblant ensuite les troupeaux dispersés, il les fit défiler lentement, par manière de bravade, sous les murs de Castellar.

Avec toute sa férocité, Muley ne manquait pourtant pas d'une certaine courtoisie guerrière : il admira le caractère entreprenant de Pedro de Vargas. Il fit venir deux esclaves chrétiens, et leur demanda quels étaient les revenus de l'alcayde de Gibraltar. On lui répondit qu'entre autres droits il avait celui de lever une tête de bétail sur chaque troupeau qui passait sur son territoire. « Qu'Allah me préserve, s'écria le monarque, de frauder les droits d'un si brave chevalier ! » Et il envoya aussitôt douze des plus belles bêtes à cornes d'entre les douze troupeaux qui composaient son butin. « Dites-lui, ajouta-t-il en s'adressant à l'alfaqui chargé de cette commission, que je lui demande pardon de n'avoir pas plus tôt satisfait à mon devoir; mais je l'ignorais jusqu'à ce moment. Dites-lui aussi que je ne croyais pas que l'alcayde de Gibraltar fût si actif et si vigilant dans le recouvrement de ses droits de péage. »

De Vargas répliqua sur le même ton : « Vous direz à sa majesté que je lui baise les mains pour l'honneur qu'elle me fait, et que je regrette de n'avoir pas eu assez de troupes pour lui faire, à son arrivée dans ce pays, un accueil plus distingué. Si j'avais eu les trois cents cavaliers qu'on m'avait promis de m'envoyer de Xerès, j'aurais pu lui faire un festin plus digne d'un si grand monarque. J'espère néanmoins qu'ils arriveront pendant la nuit, auquel cas sa majesté peut compter sur un brillant déjeuner au point du jour. »

Il fit ensuite quelques présents à l'alfaqui, et le congédia avec la plus grande politesse.

Muley secoua la tête quand il reçut la réponse de Pedro de Vargas : « Qu'Allah nous garde de la visite de ces durs cavaliers de Xerès ! Une poignée d'hommes, connaissant les sauvages défilés de ces montagnes, serait capable de détruire toute une armée embarrassée de butin comme la nôtre. »

Il continua de battre en retraite avec une telle

précipitation que les troupeaux furent souvent rompus et dispersés dans les montagnes, et que plus de cinq mille bêtes retournèrent vers leurs maîtres légitimes. Muley rentra en triomphe avec le reste à Malaga.

CHAPITRE IX.

Défaite des Espagnols dans les montagnes de Malaga.

L'expédition de Muley avait irrité l'orgueil des chevaliers de l'Andalousie; ils résolurent de prendre une éclatante revanche. Ils se réunirent donc à Antequerra en mars 1483; les chefs de l'entreprise étaient le marquis de Cadiz, don Pedro Henriquez, adelantado d'Andalousie; le comte de Cifuentes, porte-étendard royal et commandant de Séville; don Alonzo de Cardenas, maître de l'ordre de San-Iago, et don Alonzo de Aguilar. Plusieurs autres chevaliers de distinction se hâtèrent de les rejoindre, et en peu de temps Antequerra vit dans ses murs une armée de deux mille sept cents chevaux et de plusieurs corps d'infanterie.

Comme la guerre que se faisaient les deux rois maures laissait tout le pays ouvert, le maître de San-Iago proposa à ses collègues de commencer l'expédition par la région montagneuse de Malaga, appelée l'*Axarquia*, dont les nombreux troupeaux offraient un butin aussi riche que facile, ajoutant que l'on pourrait, vu la faiblesse de la garnison de Malaga, étendre le ravage jusqu'aux portes de cette ville, et peut-être même s'en emparer par surprise.

Le marquis de Cadiz ne pensait pas de même; il savait par ses espions que les montagnes de l'Axarquia, d'ailleurs habitées par un peuple guerrier, présentaient de périlleux défilés, et que le butin qui tomberait entre les mains du vainqueur ne suffirait pas pour le dédommager de ses peines.

Ce sage avis ne fut point adopté. Laissant donc les gros bagages à Antequerra, l'armée se mit en route vers Malaga.

Don Alonzo de Aguilar et l'atelantado d'Andalousie commandaient l'avant-garde; puis venaient le comte de Cifuentes et le marquis de Cadiz, avec plusieurs de ses frères et de ses neveux, et enfin l'arrière-garde, commandée par le maître de San-Iago. Jamais petite armée plus belle, mais aussi plus confiante dans ses forces, ne foula la terre. A sa suite marchait une troupe d'hommes montés sur des mules, et portant à leur ceinture des bourses bien garnies : c'étaient d'officieux marchands de Séville, de Cordoue et d'autres lieux, tout prêts à décharger les troupes d'un butin incommode.

Malgré le soin que l'on prit de tenir cette expédition secrète, le bruit des préparatifs était déjà arrivé à Malaga. Cette place, il est vrai, n'avait qu'une faible garnison, mais celui qui la commandait valait à lui seul une armée. Muley-Abdallah, ainsi s'appelait le gouverneur, plus connu sous le nom d'*El-Zagal* ou *le Vaillant*, était frère cadet de Muley-Aben-Hassan, auquel il était toujours resté fidèle. Il avait autant de courage que le vieux monarque, mais il le surpassait en finesse et en vigilance; son nom seul servait de cri de guerre à ses soldats, qui se confiaient entièrement à sa valeur.

— Si cette armée de maraudeurs, dit-il, arrive jusqu'à Malaga, nous aurons de la peine à les tenir hors des murs. Au lieu de les attendre, nous allons leur donner assez d'occupation en route pour leur faire perdre l'envie d'aller plus loin.

Cependant les chrétiens s'avançaient dans le plus grand secret, à ce qu'ils pensaient, à travers les rochers et les précipices. Le lendemain de leur départ d'Antequerra, lorsque le soleil se couchait, ils arrivèrent sur une hauteur, d'où ils virent une partie de la belle Véga de Malaga, bornée à l'horizon par les ondes bleuâtres de la Méditerranée. Ils la saluèrent avec enthousiasme, comme autrefois les Israélites saluèrent la Terre promise.

La nuit était close quand ils furent près des vallons et de la suite de hameaux que l'on appelait l'*Axarquia*. Les habitants, prévenus de leur approche, avaient enlevé leurs troupeaux et leurs effets, et s'étaient retirés dans les forts des montagnes. Les Espagnols, furieux de se voir ainsi trompés dans leurs espérances, mirent le feu aux habitations désertes, et après s'être emparés de quelques troupeaux qu'on n'avait pas eu le temps de mettre à l'abri, ils continuèrent leur route à la clarté de l'incendie qu'ils venaient d'allumer.

Enfin la division, commandée par le maître de San-Iago, se trouva au milieu de barrancas (fondrières) et de ramblas (creux de rocher) si profonds et tellement hérissés de rochers, qu'il fut impossible de garder plus longtemps l'ordre de la marche; à peine leurs chevaux avaient-ils de la place pour poser le pied sur le bord des précipices, qui se présentaient à chaque instant. La lueur des flammes d'un village voisin leur révéla le danger de leur position. Les Maures, qui les observaient du haut d'une tour, poussèrent des cris de joie en voyant ces superbes cavaliers trébucher et se débattre entre les rochers. Sortant de leur asile, ils prirent position sur les hauteurs qui dominaient le ravin, et firent pleuvoir sur les chrétiens une grêle de traits et de pierres. La confusion fut encore augmentée par les cris de l'ennemi; ces cris, multipliés par les échos, semblaient annoncer une armée innombrable.

Dans cette extrémité, le maître de San-Iago envoya de tous côtés demander des secours. Le marquis de Cadiz accourut, et parvint à tirer son compagnon d'armes de cet horrible défilé; don Alonzo de Aguilar, qui s'était aussi enfoncé trop précipitamment dans des ravins où il avait rencontré les mêmes dangers, retourna sur ses pas, et lorsque tous les chefs se furent réunis, ils tinrent un conseil de guerre. La vue des soldats qui tombaient autour d'eux hâta leur résolution ; il fut décidé qu'on abandonnerait le faible butin déjà rassemblé, et que l'on quitterait le plus promptement possible ce lieu de périls et de carnage.

Les guides chargés de conduire l'armée, croyant prendre le chemin le plus sûr, la menèrent par un défilé rapide et rocailleux, difficile pour les piétons et presque impraticable pour la cavalerie. Il y avait des endroits où l'on ne pouvait passer qu'un à un, et encore les cavaliers et les chevaux, percés par les traits des Maures, barraient-ils souvent le passage. Les alentours étaient éclairés de mille feux, à la lueur desquels les chrétiens voyaient leurs ennemis, semblables à des démons bondir de rocher en rocher et insulter à leur détresse.

Lorsque le jour parut, l'armée se trouva dans une étroite rambla, encaissée entre des murs de roche d'une énorme hauteur, et dont la crête était couverte d'ennemis. Quelle différence alors entre ces tristes chevaliers et la troupe brillante qui était sortie avec tant d'orgueil des portes d'Antequerra ! Couverts de sang et de poussière, épuisés par la fatigue et les blessures, ils ressemblaient plutôt à des victimes qu'à des guerriers ; plusieurs de leurs bannières étaient perdues, et pas une seule trompette ne ranimait leurs esprits abattus. Les soldats levaient vers leurs chefs des regards suppliants, tandis que les chevaliers avaient le dépit et la douleur dans l'âme.

L'armée fit toute la journée des efforts inutiles pour sortir de ces montagnes, que les Maures continuaient d'occuper comme autant de forteresses, et à la chute de la nuit elle se vit enfermée dans une vallée profonde que traversait une rivière. Tout à coup un cri nouveau retentit sur les hauteurs : *El-Zagal! El-Zagal!* répétaient les échos de la vallée.

— Quel est ce cri? demanda le maître de San-Iago.

— C'est le cri de guerre du général maure El-Zagal, répondit un vieux soldat ; il doit se trouver dans les environs.

Se tournant alors vers ses chevaliers, don Cardenas leur dit : « Mourons, s'il le faut ; escaladons la montagne, et tâchons du moins de vendre chèrement notre vie, plutôt que d'attendre ici qu'on nous égorge comme un vil bétail. »

En parlant ainsi, il gravit la côte ; cavaliers ou fantassins, tous suivirent son exemple. Pendant qu'ils montaient avec peine, l'ennemi leur lançait des pierres et des traits, et quelquefois des blocs de rocher, qui roulaient jusqu'au centre de l'armée. Les fantassins, affaiblis par la fatigue, la faim et les blessures, s'attachaient à la queue des chevaux afin de suivre plus facilement, et souvent ces pauvres animaux tombaient avec le cavalier et le fantassin au fond du précipice, où ils périssaient misérablement.

Après avoir perdu dans cette lutte désespérée son porte-étendard, ainsi que plusieurs de ses parents et de ses amis, don Cardenas parvint enfin au sommet de la montagne; mais ce ne fut que pour rencontrer de nouvelles difficultés. De tous côtés s'étendait un vaste désert semé de rochers et couvert d'ennemis; n'ayant plus ni drapeau ni trompettes pour rallier ses troupes, le chevalier chrétien les vit errer au hasard, plus occupées de leur sûreté que de leur devoir, et il ne put retenir les accents de sa douleur: « Dieu puissant, s'écria-t-il, votre colère accable vos serviteurs; vous avez changé la lâcheté de ces infidèles en valeur, et vous permettez que des guerriers soient vaincus par de misérables paysans! »

Le pieux maître de San-Iago voulait encore rassembler son infanterie et tenir tête à l'ennemi, mais il céda aux instances de ses compagnons, qui le priaient de ne plus songer qu'à la retraite. « Dieu des armées! s'écria-t-il de nouveau, ce n'est pas devant ces infidèles que je fuis, mais devant votre courroux; ils ne sont dans vos mains que des instruments qui nous châtient de nos péchés. »

Don Cardenas se jeta ensuite dans un défilé, avant que les Maures pussent s'en saisir, et ses troupes se dispersèrent dans toutes les directions.

Le marquis de Cadiz, conduit par un fidèle Adalide, avait gravi la montagne d'un autre côté. Il fut suivi par son ami don Alonzo de Aguilar, par l'Atelantado et par le comte de Cifuentes; mais, dans l'obscurité, ils se séparèrent, et en arrivant au sommet le marquis ne trouva plus ses compagnons d'armes. Ses frères et plusieurs de ses parents étaient encore avec lui; il appela les premiers par leurs noms, et les réponses qu'il en reçut soulagèrent son cœur.

Il descendit ensuite dans une autre vallée, où il s'arrêta pour donner aux autres chefs le temps de le rejoindre. Soudain il fut attaqué par les troupes d'El-Zagal, que soutenaient les montagnards des environs. Les chrétiens, harassés et consternés, perdirent toute leur présence d'esprit; la plupart prirent la fuite, et furent massacrés ou faits prisonniers. Le marquis opposa d'abord une résistance opiniâtre; son cheval fut tué sous lui, et ses deux neveux, ainsi que deux de ses frères, tombèrent morts à ses côtés. Quand il vit le troisième de ses frères renversé de cheval par un éclat de rocher, il jeta un cri d'angoisse, et demeura éperdu. Le petit nombre de compagnons fidèles qui l'entouraient le prièrent de chercher son salut dans la fuite; il céda, quoique à regret. On lui amena un autre cheval, et, poursuivi par l'ennemi jusqu'à l'extrémité des défilés, il arriva enfin avec sa petite troupe à Antequerra.

Le comte de Cifuentes, en voulant suivre le marquis, s'égara dans un étroit passage, où il fut complétement cerné par les troupes d'El-Zagal; ne pouvant ni s'échapper ni résister, il se rendit prisonnier avec son frère et le faible reste de ses troupes.

L'aurore trouva encore don Alonzo de Aguilar dans les montagnes avec une poignée de soldats. Ils avaient aussi tenté de rejoindre le marquis; mais ils avaient été obligés de s'arrêter pour repousser les attaques de l'ennemi. Ils arrivèrent enfin dans la vallée où le marquis avait fait sa dernière halte; quelle fut leur douleur, lorsqu'ils virent les nobles frères et les neveux du marquis étendus sans vie parmi d'autres chevaliers morts ou mourants, et dont plusieurs avaient déjà été dépouillés par les Maures! De Aguilar était un chevalier pieux, mais sa piété n'était pas humble et résignée comme celle du maître de San-Iago; il accabla les infidèles d'imprécations, et jura de venger la mort de ses amis. Peu à peu sa troupe s'augmenta d'un grand nombre de fugitifs, qui sortaient des lieux où ils s'étaient cachés pendant la nuit, et les Maures ayant abandonné les hauteurs pour recueillir les dépouilles de leurs victimes, elle put retourner en sûreté à Antequerra.

Plusieurs des chevaliers échappés au carnage errèrent longtemps dans les montagnes; affaiblis et découragés, ils se laissèrent prendre par les paysans et même par des femmes. On jeta les uns dans les cachots des villes frontières, on en conduisit d'autres à Grenade; mais on dirigea le plus grand nombre sur Malaga. Deux cent cinquante chevaliers et hidalgos furent renfermés dans la citadelle de cette ville en attendant leur rançon, et l'on entassa les simples soldats au nombre de plus de cinq cents dans une cour de cette même citadelle, pour y être vendus comme esclaves.

CHAPITRE X.

Boabdil entre en campagne. — Bataille de Lucena.

L'arrivée à Antequerra du marquis de Cadiz, presque seul, couvert de sang et de poussière, et portant le désespoir empreint sur ses traits, causa une douleur universelle, car il était très-aimé du peuple. Quand on apprit la mort de ses frères, nul n'essaya de le consoler, et lui-même n'adressa la parole à personne. Il se renferma dans son appartement pour s'y livrer entièrement à son affliction; il n'y eut que don Alonzo de Aguilar dont la présence put lui donner quelque soulagement. Dans son infortune, don Rodrigue s'estimait encore heureux de voir que son fidèle ami et frère d'armes avait été épargné.

La nouvelle des désastres de l'armée chrétienne fit couler bien des larmes et répandit la terreur sur toute la frontière. Tout paraissait perdu; le découragement pénétra jusque dans les cœurs de Ferdinand et d'Isabelle, au milieu des magnificences de leur cour.

D'un autre côté, la joie des Maures fut grande

à la vue de tant de prisonniers chrétiens amenés par les paysans de l'Axarquia ; mais quand ils virent les bannières des plus nobles maisons de l'Espagne traînées ignominieusement dans les rues, quand ils furent témoins de l'arrivée du comte de Cifuentes, leur enthousiasme ne connut plus de bornes ; ils crurent que le ciel voulait leur rendre leur ancienne gloire, et qu'ils allaient reprendre le cours de leurs triomphes sur les mécréants.

Le peuple de Grenade ne manqua pas de comparer l'heureux succès de l'incursion de Muley sur le territoire espagnol, et la victoire que venait de remporter le frère du vieux monarque, avec l'inactivité de Boabdil, dont l'épée n'avait encore brillé sur aucun champ de bataille. Pour balancer le triomphe de son père, Boabdil crut devoir aussi frapper un grand coup, et d'après les informations qu'il reçut d'Ali-Atar, il résolut de porter la guerre sur la frontière de Cordoue.

Il rassembla donc une armée de neuf mille hommes d'infanterie et de sept cents chevaux. Sa mère voulut l'armer elle-même, et, en lui attachant le cimeterre au côté, elle lui donna sa bénédiction. Comme Marayma, l'épouse favorite du jeune prince, versait des larmes : « Pourquoi pleures-tu, fille d'Ali-Atar? lui dit Ayxa; ces larmes ne conviennent ni à la fille d'un guerrier, ni à l'épouse d'un roi. C'est par les périls de la guerre que mon fils doit acheter la sécurité de son trône. »

Quand le cortége royal sortit du palais, la populace reçut son jeune souverain avec les plus vives acclamations, et Boabdil continua sa route avec confiance, quoiqu'en sortant par la porte d'Elvire il eût cassé sa lance contre la voûte, ce que des seigneurs de sa suite regardaient comme un mauvais présage.

A Loxa, l'armée royale fut renforcée par une troupe de cavalerie d'élite que commandait Ali-Atar. Pénétrant ensuite sur le territoire chrétien, elle ravagea tout sur sa route et hâta sa marche afin de tomber à l'improviste sur Lucena, le but principal de cette expédition.

. Ali-Atar avait souvent fait la guerre dans ce pays; aussi le connaissait-il parfaitement. Il venait de promener autour de lui ses yeux, dans lesquels la finesse du renard s'unissait à la sanguinaire férocité du loup, et déjà il se flattait de l'heureux résultat de sa marche forcée, lorsqu'il aperçut des feux sur les hauteurs. « Nous sommes découverts, dit-il à son gendre, hâtons-nous de surprendre Lucena. »

Boabdil approuva ce conseil et l'armée continua d'avancer.

Don Diego de Cordoue, comte de Cabra, se trouvait à cette époque dans le château de Vaena, qui, ainsi que la ville du même nom, est situé sur une colline élevée, à quelques lieues de Lucena. C'était un guerrier intrépide et plein d'expérience, prudent au conseil, prompt dans l'action, impétueux et sans crainte dans les combats.

Dans la nuit du 20 avril 1483, le garde de la tour vint l'avertir qu'on voyait des signaux d'alarme sur les hauteurs des montagnes de Horquera qui séparent Vaena de Lucena. Le comte monta sur les remparts et reconnut aux signaux qu'une armée maure menaçait quelque place de la frontière. Aussitôt il fit sonner le tocsin et envoya un trompette par la ville, sommant tous ceux qui étaient en état de porter les armes, de se réunir le lendemain, à la pointe du jour, tout équipés, devant la porte du château. Le reste de la nuit se passa en préparatifs : le château et la ville, tout était en mouvement.

Quand le jour parut, le comte de Cabra sortit à la tête de deux cent cinquante cavaliers et de douze cents fantassins, tous hommes braves et bien exercés. En arrivant à Cabra, il s'aperçut qu'il avait oublié de prendre avec lui la bannière de Vaena que sa famille portait toujours dans les combats. Comme l'on n'avait plus le temps de retourner sur ses pas, il se décida à prendre l'étendard de Cabra, dont l'emblème était une chèvre, et qui, depuis fort longtemps, n'avait paru en campagne. A l'instant où il allait partir, un courrier lui apporta des dépêches de son neveu, don Diego Hernandez de Cordoue, seigneur de Lucena, qui le pressait de venir au secours de cette ville qu'assiégeait le roi maure.

Il continua donc sa route en diligence; mais lorsqu'il arriva à Lucena, les Maures avaient déjà renoncé à l'attaque de la place et ravageaient les environs. Il fut reçu par son neveu avec une joie d'autant plus vive que la garnison de la ville ne se montait pas à quatre cents hommes, et que l'on s'attendait pour la nuit suivante à une attaque plus sérieuse que celle que l'on avait réussi à repousser.

Le comte proposa à son neveu de sortir sur-le-champ, et d'aller à la rencontre de l'ennemi, ajoutant qu'il était venu de Vaena avec la résolution de combattre le roi maure, et qu'il ne voulait pas manquer l'occasion.

Comme don Hernandez le priait de patienter encore deux heures jusqu'à ce qu'il eût reçu les renforts qu'on lui avait promis: « Si nous les attendons, reprit le fougueux comte, les Maures nous échapperont. Au surplus, mon neveu, tu peux les attendre, si tu le veux; pour moi, je suis décidé à combattre. »

Et sans donner à son neveu le temps de répliquer, il sortit pour rejoindre sa troupe. Don Hernandez, quoique plus prudent que son oncle, n'était pas moins brave. Il le suivit, et tous deux se mirent à la recherche de l'ennemi.

Après s'être informés par des éclaireurs de la

position des Maures, que cachaient quelques collines, ils montèrent sur une hauteur et virent toute l'armée musulmane prête à regagner la frontière avec tous ses prisonniers et un grand nombre de bêtes de somme chargées de butin. Ils reconnurent Boabdil à son coursier blanc richement caparaçonné et à sa garde nombreuse et magnifiquement vêtue.

Les yeux du comte brillèrent quand il vit si près de lui le royal butin qu'il enviait. En descendant de la colline, il harangua ses soldats afin de les encourager au combat inégal qu'ils allaient livrer, mais qui cesserait de l'être avec le secours du ciel; après quoi il jeta sa lance, tira son épée et ordonna à son porte-étendard de marcher à l'ennemi.

Quand Boabdil commença à distinguer la vieille bannière de Cabra, sortant du brouillard qui avait jusqu'alors caché les Espagnols, il demanda à son beau-père quelle était cette enseigne.

— Seigneur, répondit Ali-Atar avec un embarras visible, je ne connais point cet étendard. Je crois voir un chien, qui est l'emblème des villes de Baeza et d'Ubeda. Dans ce cas toute l'Andalousie marcherait contre nous, car il n'est pas probable qu'une seule ville osât nous attaquer. Je vous conseille donc de vous retirer.

Les chrétiens attaquèrent les Maures en poussant leur cri de guerre de *Saint-Iago!* et les mirent en désordre. Boabdil essaya de rallier ses soldats; mais au moment où la chevalerie maure se retournait contre les assaillants, Lorenzo de Porres, alcayde de Luque, qui venait d'arriver avec un petit renfort, fit sonner une trompette italienne derrière un massif de chênes qui le cachait.

— Voilà, dit Ali-Atar, une trompette italienne! le monde entier se serait-il soulevé contre nous?

A la trompette de Lorenzo répondit celle du comte de Cabra éclatant dans une autre direction, de sorte que les Maures se crurent menacés de deux côtés à la fois. Don Lorenzo sortit alors de derrière les chênes; l'ennemi trompé par le brouillard et par le son des trompettes, sur le nombre des forces chrétiennes, battit en retraite quoiqu'en combattant toujours, et arriva près d'un ruisseau, alors enflé par les pluies, au bord duquel Boabdil s'arrêta courageusement. L'infanterie et quelques cavaliers passèrent le gué et prirent aussitôt la fuite; mais l'élite de la garde resta autour de son roi pour protéger sa retraite. Pendant que cette petite troupe combattait corps à corps contre les guerriers chrétiens, Boabdil s'était éloigné du combat en suivant le bord du ruisseau. Il retourna la tête, et vit sa garde qui fuyait aussi en traversant le gué pêle-mêle avec les ennemis.

Il descendit alors de son cheval dont la couleur et le brillant harnais pouvaient le trahir, et essaya de se cacher derrière les saules qui bordaient le torrent. Il fut découvert par quelques Espagnols auxquels il crut imprudent d'opposer une inutile résistance, et il leur offrit une rançon considérable. Don Diego Hernandez étant survenu en ce moment, les soldats lui dirent : « Voici un Maure que nous avons pris et qui paraît être de haut rang. »

— Esclaves! s'écria Boabdil, vous ne m'avez pas pris; c'est à ce chevalier que je me rends.

Don Hernandez le reçut avec courtoisie, quoiqu'il ne connût pas encore sa qualité, et après l'avoir fait conduire à Lucena, il alla rejoindre son oncle, qui continuait de poursuivre l'ennemi. Déjà tout le pays averti par les signaux de la nuit précédente s'était soulevé, et de tous côtés arrivaient des guerriers qui harcelaient les Maures dans leur retraite. Ali-Atar, conduisant le gros de l'armée, se retournait de temps en temps contre les vainqueurs, semblable à un loup poursuivi à travers un pays qu'il a souvent désolé.

L'alarme causée par cette invasion avait gagné la ville d'Antequerra, où plusieurs chevaliers, échappés au massacre des montagnes de Malaga, n'attendaient qu'une occasion pour se venger des infidèles. Don Alonzo de Aguilar se mit à leur tête et les conduisit sur le Xenil dont les eaux gonflées par les pluies avaient arrêté les Maures dans leur fuite.

— Rappelez-vous les montagnes de Malaga ! se disaient les chevaliers les uns aux autres, et ils s'élancèrent en avant. Un combat acharné s'engagea sur les bords de la rivière et au milieu des flots. Mais les Maures, quoique supérieurs en nombre, étaient découragés par leur défaite, tandis que les chrétiens étaient animés par la vengeance ; Ali-Atar seul conservait tout son feu et toute son énergie : la perte de son roi et la fuite ignominieuse à laquelle il se voyait condamné lui-même l'avaient jeté dans une frénésie complète.

Ayant remarqué don Alonzo, il courut sur lui, au moment où le guerrier chrétien lui tournait le dos, et lui jeta sa lance pour le percer. Mais la lance n'enleva qu'une partie de la cuirasse d'Alonzo et ne le blessa pas. Alors le Maure se précipita sur lui le cimeterre au poing ; le chevalier espagnol était prévenu ; il para le coup, et les deux champions luttèrent avec acharnement tantôt sur les bords, tantôt au milieu du fleuve. Ali-Atar avait déjà reçu quelques blessures, lorsque don Alonzo, par pitié pour son âge, le somma de se rendre.

— Jamais, s'écria le farouche vieillard, jamais je ne me rendrai à un chien de chrétien !

Ces paroles étaient à peine sorties de sa bouche que don Alonzo lui fendit le turban et le crâne. Il tomba, et son corps roula dans le Xenil, d'où il ne fut jamais tiré.

Sa mort mit fin à la résistance des infidèles. Cavaliers et fantassins se mêlèrent pour échapper à la poursuite des chrétiens. En traversant le Xenil, un grand nombre périrent dans les flots. Dans cette déroute, ils perdirent plus de cinq mille hommes et vingt-deux drapeaux que l'on voit encore aujourd'hui dans l'église de Vaena.

Quand Boabdil fut conduit en présence du comte de Cabra, celui-ci, malgré la joie qu'il ressentait de cette prise, le reçut avec les égards dus à son rang et à ses malheurs, et tenta même de le consoler en faisant observer que rien n'est stable en ce monde, que la douleur aussi a un terme, et que la même inconstance de la fortune, qui avait détruit sa prospérité, pourrait la faire renaître.

CHAPITRE XI.

Consternation des Maures. — Muley rentre dans l'Alhambra. — Captivité de Boabdil. — Son retour à Grenade.

Dans la soirée du 21 avril, un cavalier parut aux portes de Loxa. Son coursier, couvert de sang et d'écume, après l'avoir mis en sûreté, s'abattit sous lui et expira. On se rassembla autour du cavalier, qui se tenait triste et muet devant le corps mort de l'animal, et on reconnut en lui le vaillant Cidi Caleb de Grenade. On lui demanda ce que faisaient le roi et l'armée maure.

— Ils sont couchés là, dit-il en étendant douloureusement la main vers la frontière. Les cieux sont tombés sur eux! ils sont tous morts!

Des cris de consternation s'élevèrent du sein de la foule, car la fleur de la jeunesse avait suivi l'armée.

— Ali-Atar, où est-il? demanda un vieux soldat. S'il vit encore, l'armée ne peut être perdue.

— J'ai vu son turban fendu par une épée chrétienne. Son corps flotte dans le Xenil.

Et montant sur un autre cheval, Cidi Caleb reprit sa route vers Grenade. Quand il entra dans cette ville et qu'il annonça la perte du roi et de l'armée, un cri d'effroi s'échappa de toutes les bouches. Laissant les habitants dans la douleur et les larmes, Caleb monta à l'Alhambra, où il fut présenté à la mère et à l'épouse de Boabdil.

Qui pourrait peindre l'affliction de ces femmes, lorsqu'elles reçurent le messager du malheur! Ayxa restait immobile, comme frappée de la foudre, et de profonds soupirs s'échappaient de sa poitrine. « C'est la volonté d'Allah ! » dit-elle, cherchant à soulager par ces paroles sa douleur maternelle.

Elle voulut aussi modérer le désespoir de Morayma; mais celle-ci se retira dans ses appartements pour s'y livrer à toute la violence de sa douleur.

Dans la consternation générale bien des personnes commençaient déjà à craindre que la prédiction des astrologues ne fût sur le point de s'accomplir, lorsqu'on apprit que Boabdil était encore vivant, et qu'il s'était rendu prisonnier aux chrétiens. Il n'en fallut pas davantage pour changer les sentiments du peuple à l'égard du jeune prince dont il pleurait la mort. On critiqua ses talents et son courage, on blâma son expédition, et on lui reprocha de ne pas s'être fait tuer plutôt que de se rendre.

— Voyez, dirent les alfaquis, la prédiction est

accomplie. Boabdil était assis sur le trône, et son empire est détruit puisqu'il est vaincu et captif. Mais consolez-vous, ô musulmans, la destinée est satisfaite. Le sceptre, brisé dans la faible main de Boabdil, va reprendre sa puissance et sa gloire dans la main vigoureuse d'Aben-Hassan !

Ces paroles produisirent sur le peuple tout l'effet que pouvait désirer Muley. Plus la captivité de Boabdil se prolongeait, plus le vieux monarque reprenait de popularité. Les villes qui s'étaient déclarées contre lui se soumettaient l'une après l'autre, et bientôt il put revenir à Grenade et rentrer dans l'Alhambra. Ayxa se retira avec sa famille et les trésors de son fils dans le quartier de l'Albaycin, dont les habitants étaient restés fidèles à Boabdil, et s'y fortifia ; Muley se fortifia de son côté dans l'Alhambra, car il n'osait se fier à sa nouvelle et incertaine popularité ; et ainsi Grenade présentait le singulier spectacle de deux autorités souveraines, siégeant dans deux forteresses rivales au sein de la même cité.

Pendant ce temps l'infortuné Boabdil était étroitement gardé dans le château de Vaena, où le comte de Cabra lui avait donné pour prison le plus bel appartement. Quelques jours s'étaient à peine écoulés, lorsque le comte reçut de ses souverains des lettres de condoléance adressées à Boabdil. Cette attention généreuse de ses ennemis releva le courage de ce monarque captif. — Dites à mes souverains, répondit-il au messager, que je ne saurais être malheureux de me trouver au pouvoir de maîtres aussi bons et aussi sensibles. Dites-leur aussi que depuis longtemps je nourrissais le projet de replacer sous leur autorité et de recevoir de leurs mains le royaume de Grenade en fief, comme mon ancêtre l'a reçu du père de la gracieuse reine. Je regrette seulement de paraître aujourd'hui faire malgré moi une chose à laquelle mon cœur m'a toujours porté.

Comme le parti de Boabdil était encore formidable à Grenade, Muley ne crut pouvoir mieux consolider sa propre puissance qu'en s'emparant de son fils. A cet effet il envoya une ambassade aux souverains catholiques, leur offrant des conditions extrêmement avantageuses pour la rançon, ou plutôt pour l'achat du jeune prince. Au nombre de ces conditions était la mise en liberté du comte de Cifuentes et de neuf autres prisonniers de marque, et la conclusion d'un traité d'alliance avec la couronne de Castille. Le cœur généreux d'Isabelle se révolta à l'idée de livrer l'illustre prisonnier aux mains de son plus mortel ennemi, et un refus dédaigneux fut toute sa réponse aux offres arrogantes du vieux monarque.

Des ouvertures d'un genre différent furent faites par la mère de Boabdil, avec l'assentiment du parti resté fidèle à son fils. Elle demandait la liberté du jeune prince aux conditions suivantes:

Boabdil en reprenant sa couronne se reconnaîtrait le vassal des souverains castillans ; il s'engagerait à leur payer, outre une rançon considérable, un tribut annuel, à leur fournir tous les secours militaires dont ils pourraient avoir besoin, et à délivrer sur-le-champ quatre cents captifs chrétiens, et soixante-dix autres tous les ans pendant cinq années consécutives. Le fils unique de Boabdil et les fils de douze maisons maures de distinction seraient livrés en otage, et répondraient ainsi de sa fidélité à exécuter le traité.

Avant de répondre à ces propositions, Ferdinand voulut attendre le retour de son épouse, absente à cette époque. Il fit conduire Boabdil à Cordoue, et sans le voir, il le confia à la garde de l'alcayde de Porcuna qui l'emmena dans son château. Puis, profitant de ce moment critique où Grenade était déchirée par des factions, Ferdinand fit une nouvelle incursion dans le royaume, et étendit ses ravages jusqu'à la capitale même.

Muley n'osait plus sortir des portes, de crainte de les trouver une seconde fois fermées à son retour. Aussi, en voyant l'armée chrétienne, il écuma de rage et grinça des dents, comme un tigre renfermé dans sa cage à la vue d'une proie qu'il ne peut saisir.

Ferdinand avait consulté plusieurs personnes distinguées du royaume pour savoir ce qu'il ferait de Boabdil, mais il n'avait pu encore arriver à une résolution, lorsque la reine le délivra de sa perplexité. Cette princesse magnanime demanda que l'on rendît la liberté au royal prisonnier, à condition qu'il se reconnaîtrait vassal de la couronne. De cette manière on pourrait assurer la délivrance d'un grand nombre de captifs chrétiens qui languissaient dans les prisons des Maures.

Ferdinand adopta cette généreuse mesure, mais il l'accompagna de plusieurs conditions dans l'intérêt de son royaume. Boabdil s'y soumit et jura de les observer avec exactitude. Une trève fut conclue pour deux ans, pendant lesquels les souverains castillans s'engagèrent à maintenir le jeune roi sur son trône, et à soutenir ses efforts pour recouvrer toutes les places qu'il avait perdues pendant sa captivité.

Boabdil fit ensuite son entrée à Cordoue avec un brillant cortége composé de toute la noblesse de la cour castillane. Conduit avec beaucoup de pompe et de cérémonie en présence de Ferdinand, il s'agenouilla à ses pieds et offrit de lui baiser la main, non-seulement en signe d'hommage comme vassal, mais encore par reconnaissance pour la liberté qu'il lui avait rendue ; mais Ferdinand s'y refusa et releva le jeune prince avec une bonté et une grâce qui étonnèrent plusieurs courtisans. Un interprète commença alors au nom de Boabdil l'éloge de la magnanimité du monarque chrétien.

— Il suffit, dit Ferdinand, interrompant l'interprète au milieu de sa harangue; j'ai confiance en sa loyauté, et je ne doute pas qu'il ne se conduise comme un honnête homme et un bon roi.

Par cette formule il accordait à Boabdil son amitié et sa protection royale.

Au mois d'août suivant, un noble Maure de la race des Abencerrages arriva à Cordoue, amenant avec lui le fils de Boabdil et plusieurs autres jeunes nobles de Grenade; c'étaient les otages demandés.

— Le jour de ma naissance peut bien être appelé un jour de malheur, s'écria le roi maure en serrant son fils dans ses bras et l'arrosant de ses larmes. C'est avec raison que j'ai reçu le surnom d'El Zogoybi, car mon père a amassé sur moi la douleur et je transmets la douleur à mon fils!

Cependant le cœur affligé de Boabdil trouva quelque soulagement dans les bontés que les souverains chrétiens témoignèrent à son enfant, et dans les ordres qu'ils donnèrent à son gardien, l'alcayde du château de Porcuna, de le traiter avec tous les respects qu'on rend aux princes.

Le 2 septembre une garde d'honneur s'assembla devant la maison de Boabdil, pour l'escorter jusqu'aux frontières. Il pressa en partant son enfant contre son cœur; mais il ne prononça pas une parole, et étant monté à cheval il s'éloigna sans retourner la tête, de crainte de laisser voir à ses vainqueurs l'émotion qui agitait son âme.

Il sortit de Cordoue avec Ferdinand au milieu des acclamations de la multitude. Quand les deux monarques furent à quelque distance de la ville, ils se séparèrent, et Boabdil continua sa route vers Grenade.

Arrivé sur la frontière, le jeune roi maure y trouva les principaux seigneurs de sa cour, que sa mère la sultane Ayxa avait envoyés en secret à sa rencontre. En revoyant ses propres bannières flotter sur sa tête, il sentit son cœur se dilater; cependant sa joie ne fut pas de longue durée. Il était rentré dans son royaume; mais ce n'était plus ce royaume dévoué qu'il avait quitté. Son père avait représenté sa soumission aux souverains chrétiens comme un acte d'apostasie impardonnable aux yeux de sa religion, comme une infâme trahison envers le pays. La plus grande partie de la noblesse s'était détachée de son parti pour embrasser celui du vieux monarque, et ce n'était qu'avec peine que sa mère soutenait la fidélité de ceux qui s'étaient réunis autour d'elle dans l'Alcazaba.

Tel fut le triste tableau que les courtisans venus à la rencontre de Boabdil lui offrirent de l'état des affaires. Ils lui dirent même que ce serait une entreprise aussi difficile que dangereuse de rentrer dans la capitale, dont les remparts étaient gardés avec tant de soin par les troupes de Muley.

Boabdil fut donc obligé de ne s'approcher de la ville que la nuit. Après avoir longtemps erré autour des murailles, il parvint enfin à s'emparer d'une poterne de l'Albaycin, et avant que l'alarme fût donnée il gagna l'Alcazaba. Il y fut reçu avec joie par sa mère et par son épouse Morayma ; et comme il ne pouvait maîtriser l'émotion qu'il éprouvait lui-même : « Ce n'est pas le moment des larmes, lui dit sa mère : un roi ne doit pas se laisser attendrir comme le commun des mortels. Tu as bien fait, mon fils, de te jeter courageusement dans Grenade. Il ne dépendra que de toi d'y régner en roi ou d'y languir en captif. »

Muley apprit avec rage la nouvelle de l'arrivée de son fils, et passa tout le reste de la nuit en préparatifs pour attaquer dès le matin l'Albaycin, l'épée à la main. Mais Ayxa était parvenue par ses largesses à soulever la populace, et l'aurore trouva tout le quartier en armes.

Le soleil se leva sur un théâtre de tumulte et d'horreur. Les portes étaient barricadées, les boutiques fermées, les affaires interrompues. Des troupes armées parcouraient la ville et faisaient entendre les plus bruyantes acclamations, les unes pour Muley, les autres pour son fils. Quand elles se rencontraient, elles se battaient avec fureur, et toutes les places publiques étaient inondées de sang.

Les troupes du vieux roi eurent bientôt chassé devant elles le parti de Boabdil composé en majeure partie des plus basses classes du peuple; mais celles-ci se barricadèrent dans les rues et dans les maisons, et continuèrent de se défendre du haut des fenêtres et des toits.

Fatigués à la fin de tant d'horreurs, les combattants consentirent de part et d'autre à un accommodement, et un armistice fut conclu par l'entremise des alfaquis. Boabdil, voyant qu'il ne pouvait conserver son trône précaire qu'au prix d'une lutte continue et sanglante, se décida à quitter la capitale, et alla fixer sa cour dans la ville d'Almeria, qui lui était entièrement dévouée, et qui rivalisait alors avec Grenade pour la splendeur et l'importance. Mais il ne fut point approuvé par sa mère; elle lui fit observer avec le sourire du dédain qu'un prince qui n'est pas le maître de sa capitale, n'est pas digne du titre de monarque.

CHAPITRE XII.

Bataille de la Lopera.

Quoique Muley eût recouvré un pouvoir sans bornes dans la ville de Grenade, et que, par son ordre, les alfaquis eussent déclaré son fils apostat, ce dernier comptait encore beaucoup de partisans dans le bas peuple. Aussi, toutes les fois que le vieux monarque avait le malheur de déplaire à la multitude turbulente, elle lui témoignait son mécontentement par les cris répétés de *vive Boabdil El Chico !*

— Allah Achbar ! s'écria enfin le vieux Muley, une incursion heureuse sur le territoire des mécréants me ferait plus de partisans que mille textes du Coran expliqués par dix mille alfaquis.

A cette époque, Ferdinand était engagé avec une grande partie de ses troupes dans une expédition lointaine. Muley crut le moment favorable et résolut de porter le fer et le feu dans le cœur même de l'Andalousie ; il choisit pour l'exécution de son projet le vieux et rusé Bexir, alcayde de Malaga.

Depuis la défaite des Espagnols dans les montagnes de l'Axarquia, les habitants de Malaga affichaient le plus profond mépris pour la chevalerie andalouse, et ils attendaient avec impatience l'occasion d'attaquer à leur tour un pays défendu par de pareilles troupes. Aussitôt après la réception des ordres de son roi, Bexir envoya des courriers à tous les alcaydes des villes frontières pour les engager à se réunir avec leurs troupes dans la ville de Ronda, qui touchait le territoire espagnol.

Ronda n'était qu'un repaire de brigands, situé sur un rocher isolé au milieu de la sauvage serrania de même nom. Les habitants de cette ville désolaient sans cesse les riches plaines de l'Andalousie ; et leurs cachots étaient pleins de captifs chrétiens qui soupiraient en vain après leur délivrance. Encore aujourd'hui les habitants de Ronda sont les plus farouches et les plus hardis montagnards de l'Andalousie, et la serrania de Ronda sert de retraite aux bandits et aux contrebandiers.

Hamet Zeli, l'un des membres les plus fiers et les plus entreprenants de la tribu des *Zegris*, d'où lui est venu le surnom d'El Zegri, commandait cette ville belliqueuse et avait à son service, indépendamment des habitants, une troupe de Maures africains de la tribu des Gomères. Il n'y avait point de cavalerie aussi bien montée. Rapide dans sa marche, impétueuse à l'attaque, cette bande féroce était la terreur des plaines de l'Andalousie, qu'elle ravageait comme un ouragan parti des montagnes.

Les alcaydes des places frontières se rendirent avec ardeur à l'invitation du gouverneur de Malaga, et en peu de temps Ronda compta dans ses murs une armée de quatre mille hommes de pied et de quinze cents chevaux.

Le rusé Bexir avait concerté ses plans avec tant de secret que les villes de l'Andalousie n'eurent pas le moindre soupçon de l'orage qui les menaçait. Guidés par Hamet El Zegri, les Maures s'étaient avancés aussi rapidement que le permettait la nature des montagnes, lorsqu'ils furent découverts par six vagabonds chrétiens, qui rôdaient sur les hauteurs escarpées de la serrania. C'étaient de ces bandits qui ont de tout temps exploité les montagnes de l'Espagne, soldats pendant la guerre, voleurs pendant la paix, guides, contrebandiers ou assassins selon les occasions.

Après avoir observé tous les mouvements de l'ennemi pour s'assurer de la route qu'il suivait, ces hommes se séparèrent, et, choisissant les passages les plus secrets des montagnes, ils allèrent avertir les différents alcaydes des environs de ce qu'ils venaient de voir.

L'un d'eux se rendit auprès de Luiz Fernandez Puerto Carrero, que Ferdinand avait nommé alcayde d'Alhama, et qui alors commandait à Ecija en l'absence du maître de Saint-Iago. Après avoir expédié des courriers aux gouverneurs des forteresses voisines, Puerto Carrero entra le premier en campagne. Il n'avait qu'une poignée d'hommes, mais bien armés, bien montés et accoutumés aux fréquents coups de main des frontières.

Tandis que l'alarme était ainsi donnée dans le nord de l'Andalousie, un autre des bandits avait couru à Xerès, où se trouvait le marquis de Cadiz. A la nouvelle de l'approche des Maures, le cœur du marquis bondit de joie, car il se rappelait le massacre de ses frères, et se flattait qu'enfin le jour de la vengeance était venu. Il partit aussitôt avec trois cents cavaliers et deux cents fantassins, tous animés comme lui du désir de se venger.

Cependant le vieux Bexir était parvenu à l'endroit où le défilé s'ouvre dans la plaine. En voyant devant eux les champs fertiles de l'Andalousie, les féroces Gomères furent remplis de joie; leurs chevaux même dressaient les oreilles et semblaient respirer avec plaisir la brise de ces lieux qui avaient été si souvent le théâtre de leurs courses.

Pour s'assurer une retraite, le rusé alcayde laissa à l'entrée du défilé un détachement composé en grande partie d'infanterie ; un autre détachement fut placé en embuscade sur les bords de la rivière de la Lopera, et le reste de l'armée, commandé par El Zegri, alla ravager la *Campina* ou grande plaine d'Utrera. On était alors au 17 septembre de l'année 1483.

Ne se doutant nullement de la réception qu'on lui préparait, cette troupe ardente se dispersa dans la plaine pour faire du butin. Tandis que les Maures étaient ainsi éparpillés, ils virent tout à coup arriver un détachement d'Utrera. Ils essayèrent de se rallier et de résister; mais privés de leur chef El Zegri, occupé d'un autre côté, ils ne tardèrent pas à plier et à s'enfuir vers la Lopera, vivement poursuivis par les chrétiens.

Ce fut alors au tour de ceux-ci à se défendre contre les troupes embusquées aux bords de la rivière. Quoique bien inférieurs en nombre, les chrétiens ne lâchèrent pourtant pas pied, et après avoir rompu leurs lances, ils continuèrent de combattre l'épée à la main. Déjà ils semblaient près d'être accablés, déjà Hamet survenait avec ses Gomères, quand Puerto Carrero parut avec sa troupe et chargea les infidèles en flanc.

Étourdis de toutes ces attaques dans un pays qu'ils avaient compté trouver sans défense, les Maures résistèrent quelque temps avec désespoir. Mais Puerto Carrero s'étant emparé du vieux Bexir, ils prirent tous la fuite dans les montagnes. Comme ils suivaient deux chemins différents, les chrétiens trop peu nombreux pour se séparer, s'attachèrent à la poursuite de l'une des deux bandes et en firent un grand carnage.

L'autre bande, forte encore de mille chevaux et d'un grand nombre de fantassins, était arrivée sur les bords de la Guadalette, et s'y était arrêtée pour se rafraîchir, lorsqu'un nouvel orage vint fondre sur elle d'un côté opposé. C'était le marquis de Cadiz avec sa troupe.

En voyant plusieurs des Maures décorés de l'armure des chevaliers qui avaient péri dans les montagnes de Malaga, les chrétiens ne se possédèrent plus de colère, et tombèrent sur l'ennemi plutôt avec la férocité des tigres qu'avec le courage calme qui distinguait ordinairement les guerriers espagnols. Le bon marquis lui-même poussa un cri de rage et de douleur, lorsqu'il aperçut le cheval d'un de ses frères monté par un Maure vigoureux. Il se jeta au milieu des ennemis, attaqua le Maure avec fureur et le renversa sans vie sur la poussière.

Les infidèles, déjà découragés, plièrent de nouveau et s'enfuirent vers le défilé où se tenait le détachement chargé d'assurer la retraite. Ce détachement partagea l'effroi des fuyards; il les suivit en désordre, sans attendre l'ennemi. La poursuite continua au milieu des ravins et des défilés, car les guerriers chrétiens, animés par la vengeance, n'éprouvaient pas la moindre pitié pour les vaincus.

Fatigués enfin de leur longue course, le marquis de Cadiz et sa suite revinrent sur la Guadalette pour s'y reposer et partager les dépouilles. Beaucoup d'armes, de corselets, de casques, que les Maures avaient emportés après la défaite des Espagnols dans les montagnes de Malaga, furent rendus à leurs anciens maîtres ; d'autres furent reconnus pour avoir appartenu à de nobles chevaliers tués ou faits prisonniers, et l'on vit plus d'un guerrier pleurer sur ces dépouilles de quelque compagnon d'armes chéri.

Lorsqu'on amena au marquis le cheval de son frère, il posa la main sur sa crinière et jeta un regard douloureux sur la selle vide. « Hélas ! mon pauvre frère ! » dit-il. Ce furent là les seules paroles qui sortirent de sa bouche, car la douleur d'un guerrier ne prodigue par les paroles.

Hamet El Zegri arrivait, comme nous l'avons vu plus haut, avec un petit nombre de Gomères sur les bords de la Lopera, lorsque Puerto Carrero se présenta si inopinément. Témoin de la déroute de l'armée, et forcé lui-même de chercher son salut dans la fuite, il s'adressa à un chrétien renégat et lui demanda s'il ne connaissait pas une route détournée et solitaire pour regagner la serrania.

Le renégat lui ayant répondu qu'il en connaissait une, mais qui passait par le cœur même du pays chrétien : « Tant mieux, repartit Hamet; plus elle paraît dangereuse, moins on nous y cherchera. Maintenant écoute-moi : tu vois ce cimeterre et cette bourse pleine d'or. Si tu nous ramènes sains et saufs par cette route dont tu parles, cette bourse est à toi ; si tu nous trahis, ce cimeterre te fendra en deux jusqu'à l'arçon de la selle. Montre-nous le chemin. »

Le renégat obéit en tremblant ; Hamet le suivit avec ses Gomères. En passant à travers les ravins et les ramblas dont le pays est coupé, ils entendirent souvent le son lointain des trompettes et le tocsin des villes et des villages qui prenaient les armes. La nuit ils s'aventurèrent sur des chemins plus praticables, et le lendemain à la pointe du jour, ils entrèrent dans les défilés de la Serrania.

L'armée maure était sortie de Ronda au milieu des cris de joie ; des gémissements et des pleurs accueillirent l'alcayde, lorsqu'il revint, pâle de fatigue et de faim. Personne n'osa lui adresser la parole.

Les souverains castillans étaient à Vittoria, quand ils reçurent la nouvelle de cette victoire aussi désastreuse pour les Maures que celle des Maures dans l'Axarquia l'avait été pour les chrétiens. On célébra cet événement par des processions et des fêtes publiques, et Ferdinand envoya au marquis de Cadiz l'habillement royal qu'il portait ce jour-là, avec le privilége de le porter tous les ans à la fête de la Nativité de la Vierge.

CHAPITRE XIII.

Le marquis de Cadiz reprend Zahara. — Alhama continue d'être gouvernée avec sagesse par le comte de Tendilla.

Le marquis de Cadiz savait que la dernière défaite des Maures, sur la Lopera, avait affaibli toute leur frontière, car plusieurs de leurs châteaux et de leurs forteresses avaient perdu leurs alcaydes et leurs meilleures troupes. Ses coureurs, dont la plupart étaient des Maures convertis, lui apprirent bientôt que Zahara n'avait qu'une faible garnison.

Animé par l'idée de reprendre cette forteresse pour ses souverains, et d'arracher ce trophée au vieux roi maure, il envoya inviter le brave Puerto Carrero et Juan Almaraz, capitaine des hommes d'armes de la Sainte-Hermandad, à venir le joindre, avec toutes leurs forces, sur les bords de la Guadalette.

Ce fut le 28 octobre de l'an 1483, que ces troupes se réunirent au nombre de six cents chevaux et de quinze cents hommes de pied, à l'entrée du défilé qui conduisait à Zahara. Le marquis les mena, pendant la nuit, à travers les ravins, jusqu'au pied des murs, sans que les sentinelles maures entendissent le moindre bruit.

Le vieil *escalador*, Ortega de Prado, accompagnait l'armée. Il se cacha, avec dix hommes munis d'échelles, dans un creux du rocher sur lequel s'élevaient les remparts ; le reste des troupes demeura à couvert dans un ravin.

Lorsque les premiers rayons du soleil commencèrent à éclairer les pics de la serrania de Ronda, les sentinelles maures voyant tout tranquille autour d'elles, et ne craignant aucune surprise en plein jour, abandonnèrent en grande partie les remparts et les tours, et descendirent dans la ville. Le marquis envoya alors un petit détachement de cavalerie devant la place, comme pour défier les Maures. Ceux-ci ne manquèrent pas de répondre au défi; environ soixante-dix cavaliers et un certain nombre de fantassins sortirent des portes et se mirent à la poursuite des cavaliers chrétiens. Tout à coup de grands cris s'élèvent derrière eux; ils se retournent et voient l'ennemi escalader les murs l'épée à la main. Ils reviennent aussitôt sur leurs pas, et, malgré les efforts du marquis et de Puerto Carrero pour leur barrer le passage, ils rentrent dans la place.

Cependant la troupe que conduisait Ortega courait les plus grands risques de se voir précipiter des murs par des forces supérieures; le marquis s'élança à bas de son cheval, et, suivi de plusieurs de ses soldats, courut à une échelle et monta à l'assaut. L'ennemi fut repoussé, et les portes et les tours demeurèrent au pouvoir des chrétiens.

Les Maures, après s'être défendus quelque temps dans les rues, se réfugièrent dans le château; mais ils ne tardèrent pas à accepter les conditions avantageuses que leur offrait le marquis. Il fut stipulé que la garnison rendrait les armes, et serait transportée avec ses effets sur la côte de Barbarie.

On ne trouva dans la place ni femmes ni enfants, car depuis que Zahara était tombée au pouvoir de Muley, celui-ci l'avait considérée moins comme une ville que comme un poste militaire et un refuge pour les maraudeurs.

Tandis que par l'incurie de l'alcayde de Zahara, les infidèles se voyaient reprendre en plein jour une de leurs plus importantes forteresses, le comte de Tendilla défendait Alhama avec la vigilance la plus sévère.

Située au cœur du royaume de Grenade, et entourée d'ennemis toujours prêts à l'attaquer, cette place avait besoin d'un commandant qui fût sans cesse sur ses gardes. Aussi le comte n'oublia-t-il rien pour réformer tous les abus qui s'étaient introduits peu à peu dans les troupes de la garnison. Il savait que le relâchement des mœurs est presque toujours accompagné de l'oubli du devoir, et que la moindre faute contre la discipline pouvait avoir des suites fatales dans la situation critique où se trouvait la forteresse. « Nous n'avons ici qu'une poignée d'hommes, disait-il ; il faut que chacun soit un héros. La justice d'une cause ne suffit pas, le défaut d'ordre et de subordination peut faire échouer les plans les mieux concertés. »

Travaillant avec autant de zèle pour la gloire de la foi que pour la prospérité de ses souverains, il ne souffrait ni oisiveté ni débauche parmi les soldats. Il chassa d'Alhama tous les troubadours errants, dont les chants pouvaient amollir le cœur des guerriers, et introduisit à leur place de saints religieux, qui, par leurs exhortations et leurs cantiques, disposaient les troupes au courage et à la vertu. Les jeux de hasard furent sévèrement défendus, ainsi que les excès de tout genre.

Le ciel sourit aux efforts du pieux gouverneur. Comme il ne faisait point de sortie sans recevoir les saints sacrements, ses soldats finirent par l'imiter, et devinrent comme lui la terreur des infidèles, à tel point que les paysans maures ne pouvaient s'aventurer à une lieue de Grenade ou de Loxa, sans courir le risque d'être enlevés.

Le peuple de Grenade demandait qu'on obligeât ce hardi maraudeur (il appelait ainsi le comte de Tendilla) à se tenir enfermé dans sa forteresse. Piqué de ces remontrances, Muley envoya aux environs d'Alhama de forts détachements de cavalerie, qui obligèrent les chrétiens à cesser leurs excursions.

Pendant qu'Alhama était ainsi bloquée, les habitants furent réveillés une nuit par une secousse qui ébranla la forteresse jusque dans ses fondements. La garnison courut aux armes, croyant que l'ennemi attaquait la place. Il n'en était rien : ce bruit avait été causé par la chute d'une partie du vieux rempart, qui, miné par la pluie, s'était écroulé, et laissait une large brèche du côté de la plaine.

De crainte que les Maures ne profitassent de cet accident, le comte de Tendilla fit tendre une énorme toile peinte de manière à imiter la maçonnerie, et derrière cette espèce d'écran, il plaça des ouvriers chargés de travailler jour et nuit à réparer le dommage. Des escadrons ennemis parurent bien dans la plaine; mais aucun d'eux n'approcha assez près pour découvrir la ruse. En peu de temps le rempart fut reconstruit plus solide qu'auparavant.

Voici un autre expédient dont se servit ce vieux général, dans une autre occasion critique, et qui prouve combien son esprit lui offrait de ressources. Un jour qu'il n'avait plus d'argent pour solder ses troupes, il inscrivit sur des feuilles de papier les sommes qui leur étaient dues, et après les avoir signées de sa main, il les leur distribua.

En même temps il ordonna aux habitants d'Alhama de prendre ces morceaux de papier en paiement pour la somme qu'ils portaient, promettant de les échanger plus tard pour de l'argent.

Le peuple obéit avec une entière confiance en la parole du gouverneur, et cette confiance ne fut point trompée. C'est là le premier exemple du papier monnaie, qui depuis a rendu de si grands services au commerce.

CHAPITRE XIII.

Incursion des chevaliers chrétiens sur le territoire des Maures. — Boabdil, chassé d'Almeria par son oncle, se réfugie à Cordoue.

Quoique les chevaliers chrétiens eussent déjà eu plusieurs occasions de venger la mort de leurs compagnons massacrés dans les montagnes de Malaga, ils attendaient encore impatiemment une seconde expédition sur le territoire des Maures, et Ferdinand se prêta avec plaisir à leurs vœux.

Dans le printemps de l'année 1484, la ville d'Antequerra retentit de nouveau du bruit des armes, et au bout de quelques jours, une armée de six mille chevaux et de douze mille fantassins s'y trouva réunie.

Toutes les précautions avaient été prises pour que l'armée ne manquât de rien. De nombreux chirurgiens devaient l'accompagner, et Isabelle, qui avait offert de payer leurs services, avait aussi envoyé six tentes spacieuses, garnies de lits et de toutes les choses nécessaires pour le traitement des blessés. On continua de se servir de ces tentes dans toutes les expéditions suivantes, et elles reçurent le nom de *l'Hôpital de la Reine.* Telle est, selon quelques historiens, l'origine des ambulances.

Ainsi préparés, les chevaliers sortirent d'Antequerra dans un ordre magnifique et imposant, mais avec moins de jactance qu'à leur première expédition. Leurs fronts étaient rembrunis, car ils se rappelaient les amis qu'ils avaient perdus l'année précédente, et qu'ils allaient venger.

Don Alonzo de Aguilar, accompagné de Puerto Carrero et de Diego Hernandez, neveu du comte de Cabra, conduisait l'avant-garde, avec les hommes d'armes de la Sainte-Hermandad.

La seconde division était commandée par le marquis de Cadiz et le maître de Saint-Iago, suivi des chevaliers de son ordre et de ceux de Calatrava. L'aile droite de cette seconde division était conduite par Gonzalve de Cordoue, et l'aile gauche, par Diego Lopez d'Avila.

Le duc de Medina-Sidonia et le comte de Cabra commandaient la troisième division. L'arrière-garde obéissait aux ordres du commandeur d'Alcantara, que suivaient ses chevaliers.

Cette armée entra sur le territoire des Maures par la route d'Alora, et déborda dans la Vega de Malaga comme un torrent de lave brûlante échappé d'un volcan. Les champs, les vignobles, les bosquets, tout fut saccagé, et bientôt les Maures, réfugiés et bloqués dans leurs forteresses, ne virent plus à la place de leurs maisons que des ruines fumantes et des monceaux de cendres.

En arrivant sur le rivage de la mer, les chrétiens trouvèrent des vaisseaux chargés de toutes sortes de provisions, qui venaient de Xerès et de Séville, et qui les mirent à même d'étendre plus loin leurs dévastations.

Comme l'armée s'approchait de Malaga, elle fut attaquée par les Maures de cette ville. Les ayant repoussés après un combat long et sanglant, elle revint sur ses pas, et rentra dans les montagnes. Elle parcourut ainsi toute cette suite de riches et verdoyantes vallées qui faisaient l'orgueil et les délices des Maures; et, après avoir continué ses ravages pendant quarante jours, elle retourna triomphante dans les plaines d'Antequerra.

Jusqu'alors le but de l'expédition n'avait été que de saccager et de détruire; Ferdinand s'en proposa maintenant un autre, celui de s'emparer de places fortes. Les murs élevés mais peu épais des Maures seraient facilement battus en brèche par la grosse artillerie, qui, à cette époque seulement, commençait à remplacer les instruments anciennement en usage dans les siéges.

La prise d'Alora justifia les espérances du monarque. Les habitants de cette ville, étourdis du fracas de l'artillerie qui battait leurs remparts, et effrayés par la chute de deux de leurs tours, demandèrent à capituler, et se rendirent le 20 juin.

Ils se retirèrent avec leurs effets, et se présentèrent aux portes de Malaga; mais le peuple de cette cité refusa de les recevoir, parce que, ne connaissant pas encore la puissance de l'artillerie de siége, il attribuait leur défaite à la lâcheté.

Plusieurs autres places se soumirent aux chrétiens, les unes, emportées de force, les autres, avant même d'être attaquées. Les Maures, d'ailleurs si courageux et si persévérants dans la défense de leurs murailles, ne tenaient plus contre les effets terribles de ces canons qui démolissaient leurs remparts si rapidement, et dont les seules détonations les remplissaient d'effroi.

La dernière opération de cette campagne, si désastreuse pour les Maures, fut une nouvelle incursion faite par le roi lui-même dans la Vega de Grenade.

Muley vit avec douleur la désolation portée jusque sous les murs de sa capitale, et offrit d'acheter la paix en se reconnaissant vassal tributaire de la couronne d'Espagne. Ferdinand ne voulut écouter aucune proposition; et après avoir ordonné aux gouverneurs des places qu'il venait de conquérir, d'assister Boabdil dans sa guerre contre le vieux monarque, il rentra en grand triomphe à Cordoue.

Pendant ce temps Boabdil continuait de tenir sa petite cour dans Almeria; encore lui fallait-il l'appui et les trésors des souverains castillans pour soutenir cette ombre de royauté. Pourtant il espérait que la fortune lui serait un jour plus favorable.

— C'est le propre des âmes faibles, lui dit sa mère, l'intrépide sultane Ayxa, d'attendre que la roue de la fortune tourne à leur avantage; les âmes fortes s'en saisissent et la font tourner elles-mêmes selon leurs besoins. Mon fils, mets-toi en campagne; le danger fuira devant toi; si tu restes oisif dans ta demeure, il viendra t'y assiéger. Une entreprise hardie peut te replacer sur le trône brillant de Grenade, tandis que par une lâche résignation tu perdras encore ce misérable trône d'Almeria.

Boabdil n'avait pas assez de force d'âme pour suivre ce courageux conseil, et bientôt les malheurs que lui avait annoncés sa mère vinrent l'assaillir.

Le vieux Muley, usé par les ans, les fatigues et les infirmités, avait presque perdu la vue et ne pouvait plus quitter son lit. Son frère Abdallah, surnommé El Zagal, commandait les armées et avait pris peu à peu sur lui tous les soins de l'empire. Zélé surtout à soutenir Muley dans sa querelle avec son fils, il fomenta le mécontentement des habitants d'Almeria, que l'indifférence du jeune monarque pour les maux publics avait révoltés.

Après que les alfaquis, accusant en secret Boabdil de trahison et d'apostasie, lui eurent insensiblement ravi l'affection du peuple et des troupes, El Zagal se montra tout à coup dans le mois de février 1485 devant Almeria, à la tête d'une nombreuse cavalerie. Les alfaquis lui ouvrirent les portes, et il monta au galop à la citadelle. L'alcayde voulut essayer la résistance, ses propres soldats le tuèrent, et El Zagal put parcourir librement tous les appartements. Mais au lieu de Boabdil qu'il cherchait, il ne trouva qu'Ayxa.

— Où est le traître Boabdil ? s'écria El Zagal.

— Je ne connais point de traître plus perfide que toi-même, répondit la sultane courageusement, et j'espère que mon fils est déjà en lieu de sûreté et qu'il te punira de ta trahison.

La rage d'El Zagal ne connut point de bornes. Il fit massacrer les serviteurs d'Ayxa et ordonna de l'emmener elle-même prisonnière.

Averti à temps et profitant de la confusion qui régnait aux portes de la ville après l'entrée d'El Zagal, Boabdil s'était enfui précipitamment avec un petit nombre de partisans. Quelques cavaliers d'El Zagal essayèrent de les atteindre ; mais leurs chevaux étaient fatigués, et bientôt Boabdil les laissa loin derrière lui.

Une nouvelle difficulté se présenta. De quel côté devait-il diriger sa fuite ? Détesté par les Maures comme un apostat, il savait qu'aucune forteresse, aucun château du royaume ne lui ouvrirait ses portes. Il ne lui restait donc d'autre parti à prendre que de chercher un refuge chez les chrétiens, et, le cœur oppressé, il tourna la tête de son cheval vers Cordoue.

Après avoir traversé ses propres états comme un criminel poursuivi par la justice, il arriva à Cordoue, accablé de tristesse. Les souverains étaient absents ; mais les chevaliers de l'Andalousie le reçurent avec tous les témoignages d'un profond respect, et lui prodiguèrent les plus grands honneurs.

El Zagal mit un nouvel alcayde à Almeria pour y commander au nom de son frère, et se rendit ensuite à Malaga, où l'on craignait une attaque de la part des chrétiens. A son départ, tous les habitants le saluèrent des plus vives acclamations, car ils le regardaient comme le digne successeur de Muley, comme l'unique espoir de la nation.

CHAPITRE XV.

Siége et prise de Ronda.

L'effet qu'avait produit l'année précédente la grosse artillerie dans l'attaque des places, engagea le roi Ferdinand à s'en procurer un train considérable pour la campagne de 1485. Une armée de neuf mille hommes de cavalerie et de vingt mille fantassins s'assembla à Cordoue au commencement du printemps ; le roi se mit en campagne le 5 avril.

Il avait été décidé dans un conseil secret que l'on attaquerait la ville de Malaga, dont le port était d'une si grande ressource pour la capitale ; mais il fallait d'abord s'emparer des villes et des forteresses qui se trouvaient sur la route. On commença par Benamaquex, qui fut emporté d'assaut, et le même jour on mit le siége devant Coïn et Cartama.

Quoique Hamet El Zegri fût parvenu à se jeter avec ses Gomères dans Coïn, leur présence ne fut d'aucune utilité pour les habitants de cette ville, qui, voyant leurs murs battus en brèche et leurs maisons incendiées par les matières combustibles lancées du dehors, se résignèrent enfin à capituler.

La prise de Coïn fut bientôt suivie de celle de Cartama, et augmenta encore la terreur des Maures dans tout le pays des environs.

Laissant son camp et sa grosse artillerie près de Cartama, Ferdinand s'avança alors avec ses troupes légères pour faire une reconnaissance du côté de Malaga. Mais le secret qui devait assurer la réussite de son plan d'attaque avait été divulgué, et le jour même où le roi parut devant Malaga, il vit El Zagal sortir à sa rencontre à la tête de mille hommes de cavalerie.

Après un combat très-vif qui coûta la vie à un grand nombre de chrétiens et de Maures, le marquis de Cadiz représenta à son maître le danger qu'il y aurait à assiéger Malaga dans un moment où tout le pays courait aux armes, et il lui conseilla d'attaquer Ronda, l'une des plus importantes forteresses que les Maures possédassent sur la frontière. Outre ce motif, il en était un autre bien digne d'un chevalier chrétien, et que le marquis surtout fit valoir auprès du monarque. Les cachots de Ronda renfermaient plusieurs de ses compagnons d'armes pris dans la défaite de l'Axarquia, et qu'il croyait devoir délivrer avant tout.

Ferdinand céda aux conseils du marquis, et aussitôt l'on fit des préparatifs pour les mettre à exécution.

Après la reddition de Coïn, Hamet El Zegri, alcayde de Ronda, était retourné dans sa forteresse. Située au centre d'un pays désert et montagneux, et, pour ainsi dire, perchée au sommet d'un rocher isolé, qu'environnait presque entièrement un ravin d'une profondeur effrayante, cette place était encore défendue par une bonne citadelle et par une triple muraille. Elle avait deux faubourgs également fortifiés et presque inaccessibles. A l'entour s'étendaient de profondes vallées, au fond desquelles coulait le Rio-Verde.

Après avoir envoyé à El Zagal les renforts que celui-ci avait demandés pour la défense de Malaga, l'alcayde descendit avec ses Gomères dans les plaines de l'Andalousie afin de les ravager, ne laissant dans la place que ce qu'il fallait de troupes pour garnir les remparts.

Déjà il regagnait la serrania avec un immense butin, lorsqu'il entendit la grosse artillerie gronder dans les montagnes. Plein d'un sinistre pressentiment, il courut à la tête de la longue file de troupeaux que conduisaient ses soldats; le bruit de l'artillerie devenait de plus en plus fort. Inquiet, il monta sur une hauteur qui dominait au loin, et, à sa grande surprise, il vit tout le pays autour de Ronda couvert des tentes blanches des Espagnols. L'étendard royal flottant au milieu de ces tentes, annonçait la présence du prince, qu'El Zegri croyait alors arrêté dans la Vega de Malaga.

Certains que leur alcayde ne tarderait pas à revenir, les habitants avaient opposé la plus vive résistance, ce qui n'empêcha pas l'artillerie des assiégeants d'abattre une grande partie des murailles qui défendaient les faubourgs, lesquels furent pris et pillés.

Les chrétiens avaient commencé à tirer sur la ville même, lorsque Hamet arriva. Résolu de se frayer un chemin à travers le camp, il conduisit sa troupe sur des hauteurs voisines. Quand la nuit fut tombée, et que l'armée chrétienne parut ensevelie dans le sommeil, il descendit des rochers, et, suivi de ses Gomères, il se jeta avec furie sur la partie la plus faible du camp. Mais il fut repoussé et poursuivi jusque sur les montagnes.

Hamet alluma alors des feux sur les points les plus élevés, et sa troupe se vit bientôt augmentée des montagnards du voisinage. Ces renforts pourtant lui furent inutiles : malgré les plus grands efforts, il ne put réussir à forcer le passage.

Pendant ce temps la détresse des assiégés croissait d'un moment à l'autre. Le marquis de Cadiz, après avoir emporté les faubourgs, s'était approché jusqu'au pied du rocher perpendiculaire qui s'élevait du Rio-Verde au plateau sur lequel était bâtie Ronda. Il y trouva une source abondante, à laquelle on descendait de la ville par une galerie souterraine, et qui fournissait aux habitants presque toute l'eau dont ils avaient besoin. Les degrés qui y conduisaient (il y en avait plusieurs centaines) étaient usés par les pas des esclaves chrétiens employés à ce pénible travail. Le marquis fit fermer le passage, et priva ainsi la ville de l'une de ses plus précieuses ressources.

En voyant du haut de ses rochers l'œuvre de destruction que les chrétiens poursuivaient avec tant de zèle, Hamet se frappait la poitrine et grinçait des dents avec une impuissante rage. Chaque coup de canon semblait le frapper au cœur. Le jour il voyait les tours s'écrouler les unes après les autres, et la nuit la ville ressemblait à un volcan sous la chute des balles incendiaires que les chrétiens lançaient de tous côtés et qui mettaient le feu aux maisons.

L'effroi et la consternation des habitants étaient extrêmes ; ils ne savaient où se réfugier : leurs demeures étaient incendiées ou ébranlées, et ils ne pouvaient en sortir sans courir le risque d'être atteints par un boulet ou écrasés sous les ruines de quelque édifice. Les cris et les gémissements des femmes s'entendaient au milieu du bruit de l'artillerie, et arrivaient jusqu'aux Maures qui occupaient les montagnes opposées, et qui y répondaient par des cris de fureur et de désespoir.

Enfin, perdant tout espoir de recevoir des secours, les habitants de Ronda furent contraints de capituler. Ferdinand leur permit de se retirer en Afrique ou dans tout autre pays, et assura à ceux qui restaient en Espagne le libre exercice de leur religion.

Aussitôt après la reddition de la ville, Ferdinand envoya des détachements attaquer les Maures postés sur les montagnes; mais Hamet renonça à la partie et se retira avec ses Gomères.

Le premier soin du marquis de Cadiz en entrant dans Ronda fut de délivrer ses infortunés compagnons d'armes des prisons où ils languissaient depuis si longtemps. Il y avait en outre un nombre immense d'autres prisonniers parmi lesquels se trouvaient des jeunes gens de familles nobles, qui, par piété filiale, étaient venus prendre les chaînes de leurs pères.

Les captifs furent tous pourvus de mulets et envoyés à la reine. Elles les reçut avec cette douce pitié qu'inspire la religion, et voulut fournir elle-même à tous leurs besoins pendant le reste de leur voyage. Leurs chaînes furent suspendues comme de pieux trophées dans l'église de Saint-Juan de los Reyes à Tolède, où elles ont été conservées jusqu'à ce jour.

CHAPITRE XVI.

El Zagal monte sur le trône de Grenade. — Tentative hardie du comte de Cabra. — Prise des châteaux de Cambil et d'Albahar. — Entreprise des chevaliers de Calatrava contre Zalea.

Le peuple de Grenade était léger et inconstant. Après avoir balancé entre le vieux Muley et son fils, et s'être déclaré tantôt pour l'un, tantôt pour l'autre, souvent même pour les deux en même temps selon les besoins du moment, il commençait à sentir que ces changements continuels n'amélioraient pas son sort.

Quand arriva la nouvelle de la chute de Ronda, un rassemblement tumultueux se forma sur une des places publiques, et, comme de coutume, le peuple attribua encore les malheurs du pays aux seules fautes des gouvernants. Un rusé alfaqui se leva alors au milieu de la foule et la harangua en ces termes :

— Vous avez porté jusqu'ici votre choix tantôt sur l'un, tantôt sur l'autre des deux monarques ; mais quels sont-ils? Muley-Aben-Hassan est un homme usé par l'âge et les infirmités, incapable de résister à l'ennemi, même lorsque celui-ci s'approche jusqu'aux portes de la ville. Boabdil, son fils, est un apostat et un traître qui a déserté son trône et s'est mis sous la protection des mécréants, un homme condamné au malheur par le destin, et surnommé pour cette raison l'*infortuné*. Dans les conjonctures présentes, celui-là seul est digne de porter le sceptre qui sait manier l'épée. Cet homme dont je vous parle et que vous devinez est Abdallah; son noble surnom *El Zagal* est déjà votre cri de guerre.

Enchantée de cette idée, la multitude répondit à l'alfaqui par les plus bruyantes acclamations, et envoya aussitôt une députation à El Zagal, pour le prier d'accepter la couronne.

El Zagal parut ne se rendre aux vœux du peuple que par le désir qu'il avait de soulager son vieux frère du fardeau de l'empire. Laissant le commandement de Malaga à Rodavan de Vanegas, l'un des plus braves généraux de l'armée maure, il partit de cette ville accompagné de trois cents cavaliers.

Muley ne crut pas devoir attendre l'arrivée de son frère, et se retira à Almunecar dont la garnison lui était entièrement dévouée.

Alhama n'était plus à cette époque sous le commandement du comte de Tendilla. La garnison abusant du caractère facile et de l'indulgence du nouveau gouverneur, don Gutière de Padilla, *cla-*

vero * de Calatrava, n'avait plus cette discipline exacte et sévère qui faisait sa sûreté et la rendait si redoutable.

Lorsque El Zagal, suivant la route de Malaga à Grenade, arriva aux environs d'Alhama, il se rappela les dangers que présentait autrefois ce passage, et se fit précéder de quelques corradors pour éclairer sa marche. L'un d'eux accourut bientôt vers son maître et lui annonça qu'il avait vu dans une vallée une troupe de cavaliers chrétiens qui paraissaient revenir d'une expédition, et qui se reposaient sur les bords d'un ruisseau, tandis que leurs chevaux débridés paissaient tranquillement autour d'eux.

C'étaient des chevaliers de Calatrava qui, en revenant d'une incursion dans le pays des environs, avaient envoyé en avant leurs compagnons avec le butin, et s'étaient arrêtés dans la vallée, ne croyant avoir à craindre aucune espèce de péril.

El Zagal sourit d'une joie féroce : « C'est bien, dit-il, nous trouverons ici des trophées pour notre entrée dans l'Alhambra. »

S'approchant ensuite de la vallée dans le plus profond silence, il attaqua les chrétiens si subitement qu'ils n'eurent pas le temps de brider leurs chevaux, ni même de sauter en selle. Ils se dé-

* On appelle *Clavero* celui qui tient les clefs des couvents et des archives de l'ordre. C'est une des premières dignités.

fendirent avec bravoure; mais leurs efforts ne purent les sauver. Soixante-dix-neuf d'entre eux furent tués, les onze qui restaient furent faits prisonniers.

Les Maures poursuivirent ensuite le convoi. Les cavaliers qui l'escortaient, ayant aperçu l'ennemi, prirent la fuite et abandonnèrent le butin.

Rassemblant ses captifs et leurs dépouilles, El Zagal continua sa route vers Grenade. Il s'arrêta devant la porte d'Elvire, car il n'avait pas encore été proclamé roi; mais cette cérémonie fut faite sur-le-champ, et El Zagal, précédé des chevaliers captifs de Calatrava et de soixante-dix cavaliers maures, portant chacun la tête d'un chrétien suspendue à sa selle, entra dans Grenade au milieu des cris de joie de la foule, que son dernier exploit avait remplie d'enthousiasme.

Pour diminuer la confiance que les Maures devaient avoir dans le nouveau prince qu'ils venaient de placer sur le trône, les chrétiens résolurent de leur porter un nouveau coup. Le comte de Cabra se trouvait alors dans son château de Vaena, d'où il observait attentivement la frontière. Instruit par ses éclaireurs de la faiblesse de la garnison de Moclin, que les Maures appelaient, à cause de son importance, *le bouclier de Grenade*, il en instruisit à son tour Ferdinand, qui consentit à ce qu'on entreprît le siége de cette place, et promit de s'y trouver lui-même avec son armée.

Le roi partit donc de Cordoue et s'établit à Alcala-la-real, tandis que son épouse et ses enfants se rendirent à Vaena, où le comte de Cabra les reçut avec une satisfaction sans bornes.

Pour assurer le succès de l'entreprise, Ferdinand avait concerté un plan très-habile. Le comte de Cabra et don Alonzo de Montemayor devaient marcher avec leurs troupes de manière à arriver à Moclin à la même heure que les troupes appartenant au cardinal d'Espagne et à l'évêque de Jaën, le tout ensemble montant à quatre mille hommes de cavalerie et six mille d'infanterie. Le roi devait les suivre avec son armée et camper devant la place.

Le comte de Cabra était déjà en route, lorsqu'il apprit l'arrivée d'El Zagal aux environs de Moclin. Il était évident que le rusé maure avait été instruit de l'attaque projetée par les chrétiens. Cependant ce ne fut pas l'idée qui se présenta à l'esprit du comte. Il avait fait un roi prisonnier, il ne vit ici que l'occasion de prendre encore un roi. Séduit par cet espoir, il oublia toutes les dispositions approuvées du roi, et, de peur de partager avec ses compagnons l'honneur de sa capture imaginaire, il continua rapidement sa marche sans donner à ses troupes le temps de se reposer.

La nuit était close quand le comte arriva près de Moclin par un ravin profond et encaissé entre deux rochers presque perpendiculaires. Mais la lune, alors dans son plein, et dont les rayons pénétraient jusqu'au fond de cette route solitaire, le trahit ; tout à coup le cri de *El Zagal ! El Zagal !* retentit de tous côtés, et une grêle de traits tomba sur les chrétiens.

Le comte leva les yeux et vit toutes les hauteurs garnies de troupes maures. Les traits continuaient de pleuvoir et frappaient surtout les chevaliers que leur armure rendait plus faciles à distinguer.

En voyant son frère tomber mort à ses côtés et son propre cheval tué sous lui, le comte se rappela le massacre des Espagnols dans l'Axarquia, et il craignit une catastrophe semblable. Il était impossible de rester plus longtemps dans cette position. Le comte sauta sur le cheval de son frère, et appelant ses soldats il se retourna et s'enfuit.

Les Maures le poursuivirent avec acharnement pendant une lieue et tuèrent un grand nombre des plus nobles guerriers de Vaena, mais non sans perdre eux-mêmes plusieurs illustres chevaliers. L'arrivée des troupes conduites par le maître de Calatrava mit fin à la déroute ; El Zagal retourna en triomphe à Moclin.

Isabelle attendait avec anxiété à Vaena le résultat de l'expédition, lorsqu'elle vit arriver les blessés qui se hâtaient de revenir chez eux, pour demander du soulagement ou pour mourir au sein de leur famille. Son cœur fut profondément ému et elle commença à craindre un plus grand désastre pour les armes castillanes.

Le grand cardinal d'Espagne qui se trouvait avec elle chercha à la consoler, et les paroles de ce vénérable conseiller produisirent tout l'effet qu'il désirait. Comme quelques-uns des courtisans censuraient hautement la témérité du comte de Cabra : « Il est vrai que l'entreprise était téméraire, répondit la reine, mais elle ne l'était pas plus que celle de Lucena qui fut couronnée de succès, et que vous avez tous applaudie. Si le comte avait réussi à s'emparer de l'oncle comme il s'est emparé du neveu, vous n'auriez pas trouvé assez de louanges pour célébrer sa victoire. »

Ferdinand n'était plus qu'à trois lieues de Moclin, quand il reçut la nouvelle de cet échec. Après avoir blâmé, mais avec des termes pleins de douceur, la précipitation du comte, il assembla son conseil pour aviser aux mesures qu'il fallait prendre.

Quelques-uns de ses chevaliers voulaient qu'on abandonnât l'entreprise contre Moclin, et d'autres qu'on la poursuivît, lorsqu'arriva une lettre d'Isabelle qui délivra son époux de l'embarras où le mettaient des conseils si opposés. Elle demandait que l'armée fût conduite devant deux châteaux forts, qui depuis longtemps étaient la terreur des environs et dont les garnisons portaient souvent leurs ravages jusqu'aux portes de Jaën. C'étaient les châteaux de Cambil et d'Albahar, solidement construits aux sommets de deux rochers, et réunis par un pont qui passait par-dessus le Rio-Frio et le chemin de la vallée.

Ferdinand envoya aussitôt le marquis de Cadiz avec deux mille chevaux bloquer les deux forteresses, en attendant qu'il amenât lui-même le gros de l'armée et l'artillerie. L'un des plus braves chevaliers de Grenade, l'Abencerrage Mahomet Lentin-Ben-Usef, commandait l'un et l'autre château. Il sourit en voyant du haut de ses plus fortes murailles la cavalerie chrétienne embarrassée dans l'étroite vallée, et il envoya à sa rencontre quelques détachements pour la harceler. Mais les Maures furent repoussés, et tous les émissaires, chargés par le gouverneur de donner avis à Grenade de ce qui se passait, furent interceptés.

Enfin l'armée royale parut ; mais la vallée était si resserrée et si difficile que Ferdinand fut obligé de partager ses troupes sur trois hauteurs différentes où elles campèrent. L'artillerie était encore à quatre lieues en arrière, et sans artillerie toute attaque était inutile.

L'alcayde Mahomet Lentin connaissait les difficultés du chemin, et persuadé que jamais les grosses pièces de siége des Espagnols ne pourraient y passer, il regardait avec un sourire de pitié ces forces imposantes, mais oisives dans leur camp.

Tandis qu'il attendait avec curiosité le parti que prendraient les chrétiens, des bruits étranges venus des montagnes arrivèrent à son oreille. Tantôt c'était celui d'un arbre qui tombait; tantôt c'était un bruit plus fort, semblable à celui de la foudre, ou d'un rocher lancé dans la vallée.

— Je croirais presque, dit-il aux chevaliers qui l'entouraient, que les chrétiens font la guerre aux arbres et aux rochers, depuis qu'ils ont trouvé nos châteaux inattaquables.

Ces bruits continuèrent encore pendant la nuit. Mais à peine le soleil eut-il éclairé de nouveau les sommets des montagnes que des cris de joie partirent du camp des chrétiens.

Les Maures étonnés levèrent les yeux, et un spectacle auquel ils étaient loin de s'attendre s'offrit à leurs regards. Une multitude d'hommes, armés de haches, de pioches et d'autres instruments, écartaient tous les obstacles, tandis que derrière eux marchaient lentement de grands attelages de bœufs, traînant les canons et les munitions.

Dans l'espace de douze jours une montagne presque tout entière avait été nivelée, des vallées avaient été comblées, des arbres abattus, d'énormes rochers brisés et renversés; et c'était Isabelle qui, avec six mille pionniers, avait entrepris cette œuvre gigantesque d'après le projet que lui avait soumis l'évêque de Jaën.

A peine l'artillerie eut-elle été portée au camp,

que l'on commença à construire les batteries sous la direction de don Francisco Ramirez de Madrid, le premier ingénieur de l'Espagne. Bientôt elles ouvrirent leur feu.

Quand Mahomet Lentin vit ses tours s'écrouler et ses plus braves guerriers tomber à ses côtés, sans qu'il pût à son tour frapper l'ennemi : « A quoi sert, s'écria-t-il avec fureur, toute la vaillance des chevaliers contre ces lâches machines qui assassinent de si loin? »

L'artillerie continua son feu pendant un jour entier. Les grosses pierres qu'elle lançait contre les tours, en démolirent deux, et la porte perdit toutes ses défenses. Les Maures tentèrent plusieurs fois de réparer leurs brèches; ils furent toujours repoussés par les ribadoquins et autres pièces de petit calibre.

Voulant presser le siége plus vivement, Francisco Ramirez avait fait transporter quelques-uns des plus gros canons sur une hauteur qui dominait les deux châteaux. Les Maures n'osèrent pas attendre que cette nouvelle batterie commençât à jouer, et le vaillant alcayde convaincu de l'inutilité d'une plus longue résistance, demanda à parlementer.

Les articles de la capitulation furent bientôt arrêtés. On permit à la garnison et à son commandant de retourner librement à Grenade, et les châteaux furent remis au roi Ferdinand le 21 septembre.

Pendant que ces événements se passaient sur la frontière septentrionale du royaume de Grenade, l'importante forteresse d'Alhama était négligée, et son gouverneur, don Gutière de Padilla, réduit à la plus grande perplexité.

Les chevaliers de Calatrava, qui faisaient partie de la garnison, avaient appris avec horreur le massacre de leurs confrères par El Zagal; mais ils n'étaient pas en assez grand nombre pour entreprendre de les venger. Ils n'osaient plus s'aventurer dans la Vega que les troupes d'El Zagal couvraient presque entièrement, et la défaite du comte de Cabra ayant interrompu leurs approvisionnements ordinaires, ils avaient déjà commencé à se nourrir de la chair de leurs chevaux.

Un jour que don Gutière était plongé dans ses sombres réflexions, on lui présenta un Maure qui demandait à lui parler. Il portait un sac et paraissait appartenir à cette classe de marchands qui avaient coutume de suivre les armées pour acheter aux soldats le butin dont ils ne pouvaient rester chargés.

— Seigneur, dit cet homme d'un ton mystérieux, je voudrais vous parler en particulier; j'ai un bijou bien précieux à vous vendre.

— Je n'ai pas besoin de bijoux, répondit brusquement le clavero. Adresse-toi à d'autres.

— Ne fermez pas l'oreille à mon offre, continua le Maure d'un air sérieux. Le bijou que j'ai à vous vendre est pour vous d'un prix inestimable; et vous seul pouvez l'acheter.

Don Gutière fit signe à ses gens de se retirer.

— Que me donnerez-vous, reprit le Maure, si je remets dans vos mains la forteresse de Zalea?

Zalea était une ville forte à deux lieues environ d'Alhama; depuis longtemps elle était pour cette dernière une voisine importune et hostile par les embûches que sa garnison dressait aux chevaliers de Calatrava dans leurs excursions.

— Tu parles de me vendre Zalea? dit le clavero étonné. Quels sont tes moyens et quelles garanties peux-tu me donner?

— J'ai dans la garnison un frère qui pourra introduire vos troupes pendant la nuit dans la citadelle.

— Et pour de l'or tu consentirais à trahir ton peuple et ta foi?

— Je renonce à mon peuple et à ma foi. Ma mère était une esclave espagnole : son peuple sera mon peuple et sa religion ma religion. L'alcayde de Zalea est un tyran; il m'a dépouillé de ma fortune et m'a encore menacé de la bastonnade, si j'osais me plaindre. Je n'aurai de repos que lorsque je me serai vengé.

— Il suffit. Je compte plus sur ton désir de vengeance que sur la sincérité de ton christianisme.

Après avoir congédié le Maure, don Gutière

convoqua ses principaux chevaliers. Tous se montrèrent disposés à tenter l'entreprise qu'il leur proposait contre Zalea, et l'on envoya aussitôt des espions dans cette forteresse pour entrer en communication avec le frère du Maure.

Dans la nuit convenue une troupe de chevaliers arriva près de Zalea. Une échelle de cordes tomba du rempart, et les chevaliers y montèrent. Ils surprirent les sentinelles qu'ils taillèrent en pièces et s'emparèrent d'une tour. L'alarme fut donnée; mais déjà les chevaliers de Calatrava étaient partout. La moitié de la garnison prise ainsi au dépourvu tomba sous le fer des assaillants, le reste se laissa prendre. En une heure la citadelle fut emportée, et la ville se rendit immédiatement après.

Les chrétiens trouvèrent les magasins remplis de provisions; ils en chargèrent un grand nombre de mulets et revinrent à Alhama, heureux de pouvoir soulager la garnison affamée, en attendant les secours promis par leurs souverains, et qui ne tardèrent pas à arriver.

La prise de Zalea et celle des châteaux de Cambil et d'Albahar, qui eurent lieu à peu près à la même époque, terminèrent cette campagne importante. Ferdinand se retira avec son épouse à Alcala de Henares pour y passer l'hiver, et c'est là que la reine donna le jour à l'infante Catherine, qui épousa le roi Henri VIII d'Angleterre.

CHAPITRE XVII.

Mort de Muley. — Nouveaux troubles de Grenade. — Partage du royaume.

El Zagal n'avait rien omis pour augmenter la popularité que lui avaient donnée ses derniers succès; cependant il craignait toujours que le peuple de Grenade, dont il connaissait l'inconstance, ne rappelât le vieux monarque.

Muley avait été transporté à Salobrena, où les rois maures avaient coutume de mettre leurs trésors, et où ils reléguaient dans un palais, il est vrai, délicieux, les princes de leur famille qui leur inspiraient de la défiance.

Malgré l'extrême salubrité de cette ville et les attentions assidues du gouverneur, Muley mourut quelques jours après son arrivée. Il n'y avait rien de surprenant dans cet événement; mais l'empressement avec lequel El Zagal s'empara des trésors de son frère, sa dureté à l'égard de la sultane Zoraïna et de ses fils, enfin la manière ignominieuse dont il fit transporter à Grenade, sur le dos d'une mule, les restes du défunt, éveillèrent les soupçons du public, et au nom d'El Zagal on ajouta souvent l'épithète de fratricide.

A peine le peuple fut-il assuré de la mort du vieux roi, qu'il se mit à déplorer sa perte d'une voix unanime. Muley avait, il est vrai, disait-on, accumulé tous les maux de la guerre sur sa patrie; mais du moins il en avait été lui-même écrasé, et comme si sa mort eût réparé toutes ses fautes, on ne parla plus de lui que comme d'un héros. La haine du peuple cessait de le poursuivre et retombait sur son frère, et la faveur publique se reporta bientôt sur Boabdil.

Grâce à l'assistance de Ferdinand, Boabdil avait pu rétablir sa cour à Velez el Blanco. Sa présence donna une nouvelle vie au parti qu'il avait encore à Grenade dans le quartier de l'Albaycin, le plus pauvre de la ville, tandis que les riches habitants du quartier de l'Alhambra continuaient à se rallier autour du trône d'El Zagal.

Ces deux quartiers ne tardèrent pas à reprendre les armes l'un contre l'autre, et les rues de la malheureuse Grenade furent de nouveau teintes du sang de ses enfants.

La nouvelle des préparatifs qui se faisaient à Cordoue pour la campagne de 1486 arrêta un moment le cours des dissensions, et rappela les Maures au sentiment du danger commun qui les menaçait.

Tandis que l'on délibérait en tumulte sur le

choix définitif d'un roi, et que les partisans d'El Zagal et ceux de Boabdil soutenaient chacun leur chef avec chaleur et animosité, parut tout à coup au milieu d'eux Hamet-Aben-Zarrax, surnommé El Santo. C'était le même qui, après la prise de Zahara, avait prédit les malheurs de Grenade. Il sortait des cavernes d'une montagne située sur le Darro, et qui depuis fut appelée la *Montagne sainte*.

— Gardez-vous, ô musulmans, dit-il, de choisir des hommes avides de gouverner, mais incapables de vous défendre. Pourquoi vous tuez-vous les uns les autres pour El Chico ou pour El Zagal? Que vos rois mettent fin à leurs querelles et qu'ils s'unissent pour le salut de Grenade, ou qu'ils soient déposés!

Ce peu de paroles rétablit l'accord entre les deux factions ennemies, et il fut résolu qu'on partagerait le royaume entre l'oncle et le neveu. On donna au premier Grenade, Malaga, Velez-Malaga, Almeria, Almunecar et leurs dépendances, et le reste à Boabdil.

Au nombre des villes qui échurent à ce dernier se trouvait Loxa, où l'on exigea qu'il allât prendre lui-même le commandement; car le conseil pensait que la faveur dont le jeune prince jouissait auprès des souverains castillans détournerait l'attaque dont cette ville était menacée.

El Zagal consentit à cet arrangement, et invita

même son neveu à s'allier avec lui pour le bien du pays ; mais Boabdil rejeta toutes ses propositions, ne voulant, disait-il, avoir aucune liaison avec un homme qu'il regardait comme le meurtrier de sa famille. Il accepta néanmoins la moitié du royaume que lui offrait le peuple, tout en protestant de son droit sur le reste, et se prépara à partir pour Loxa.

Arrivé dans cette ville, il écrivit à Ferdinand pour le prier de renoncer à l'attaque projetée, offrant de lui livrer un libre passage pour marcher contre Malaga ou toute autre place appartenant à son oncle. Ferdinand, informé de tout ce qui venait de se passer à Grenade, et ne considérant plus Boabdil que comme un instrument docile dans les mains du peuple, plutôt que comme un monarque qui commande aux destinées de son royaume, refusa ses offres et n'en continua pas moins les préparatifs de son expédition contre Loxa.

CHAPITRE XVIII.

L'armée chrétienne se rassemble à Cordoue et marche contre Loxa. — Siege de cette ville.

Le monarque espagnol n'avait point oublié la dure leçon que lui avait donnée Ali-Atar sous les murs de Loxa; aussi, outre les motifs d'intérêt général qui le portaient à faire une nouvelle tentative contre cette ville, dont les guerriers ne cessaient de désoler l'Andalousie, il éprouvait contre elle une haine secrète qu'il était impatient de satisfaire.

Cordoue avait été indiquée pour le lieu de réunion des troupes, et le printemps de l'année 1486 avait à peine commencé, que déjà la belle vallée du Guadalquivir retentissait du son perçant de la trompette et des hennissements des coursiers belliqueux.

A cette époque brillante de la chevalerie espagnole, il existait entre les nobles une rivalité de luxe telle, qu'en les voyant entrer en campagne on aurait cru qu'ils allaient à des fêtes plutôt qu'à une guerre pleine de fatigues et de dangers dans les montagnes.

Ce luxe déplaisait aux souverains, et plusieurs fois ils en témoignèrent leur mécontentement. Comme le duc de l'Infantado éclipsait tous les autres chevaliers par la magnificence avec laquelle sa suite était armée et vêtue, Ferdinand lui dit un jour :

— Vous avez là, seigneur, de belles troupes pour un tournoi, mais l'or, quoique brillant, est mou et flexible ; le fer est le seul métal qui convienne à un champ de bataille.

— Sire, répondit le duc, si mes hommes sont brillants d'or à une revue, votre majesté reconnaîtra bientôt qu'ils savent manier le fer dans les combats.

Le roi sourit, secoua la tête d'un air d'incrédulité, et la conversation en resta là.

Les maîtres de San-Iago, d'Alcantara et de Calatrava, ainsi que leurs vaillants chevaliers, ne manifestaient pas la même ostentation ; calmes et pleins de dignité, ils étaient assis comme des tours sur leurs coursiers vigoureux. Toujours sous les armes, ils observaient mieux la discipline militaire que les troupes irrégulières des seigneurs féodaux ; aussi dans les combats, au lieu de se laisser emporter par une valeur irréfléchie, ils conservaient leur sang-froid, et n'en étaient que plus forts et plus terribles.

Mais ce n'était pas seulement la chevalerie espagnole qui se pressait dans les rues de Cordoue; le bruit de cette guerre s'était étendu dans toute la chrétienté, et de toutes parts il accourait des chevaliers jaloux de se signaler contre les Maures.

Au nombre des preux venus de la France se trouvait Gaston de Léon, sénéchal de Toulouse, qui avait amené avec lui une troupe choisie. Cependant le plus remarquable de tous les volontaires qui vinrent offrir leurs services à Ferdinand, était un chevalier anglais, lord Scales, comte de Rivers, parent de la reine d'Angleterre. Après s'être distingué l'année précédente à la bataille de Bosworth, il était venu à la cour de Castille avec cent archers, tous très-adroits, et deux cents hommes d'une force prodigieuse, qui combattaient avec la pique et la hache d'armes.

Ainsi l'on pouvait entendre tout à la fois dans Cordoue et la joyeuse chanson du Français, qui se croyait encore sur les bords de la Loire ou de la Garonne, et les sons gutturaux de l'Allemand, entonnant un air guerrier, et la sauvage romance de l'Espagnol, célébrant les exploits du Cid, et la longue et mélancolique ballade de l'Anglais, racontant les prouesses de quelque héros féodal de son île lointaine.

Ce fut au mois de mai 1486 que le roi sortit de sa capitale à la tête de son armée. Il avait douze mille hommes de cavalerie et quarante mille d'infanterie, auxquels il avait joint six mille pionniers pour pratiquer des routes. L'armée était suivie d'un train considérable d'artillerie et d'un corps de troupes allemandes pour le service des batteries.

Avant d'arriver à Loxa, le marquis de Cadiz sollicita du roi la faveur de prendre les devants pour s'emparer du poste de Saint-Albohacin, situé en face de cette ville. Il se rappelait qu'il en avait été chassé par les Maures, et il croyait devoir à sa réputation de venger le sang du vaillant maître de Calatrava, qui avait péri dans cette déroute. Ferdinand y consentit volontiers.

Le comte de Cabra demanda aussi la permission de faire partie de l'avant-garde, peut-être parce qu'il espérait prendre une seconde fois Boabdil, et sa demande lui fut accordée.

Quand le comte anglais apprit qu'il s'agissait d'une entreprise dangereuse, il voulut aussi y prendre part; mais le roi réprima son ardeur : « Ces chevaliers, dit-il, croient avoir un compte à régler avec leur vanité; veuillez bien ne pas vous en mêler. Si vous restez quelque temps avec nous, vous ne manquerez pas d'occasions dignes de votre bravoure. »

Le marquis de Cadiz et ses compagnons prirent donc les devants avec cinq mille chevaux et douze mille fantassins, et après avoir traversé rapidement les défilés, ils arrivèrent, non sans beaucoup de fatigues et des dangers encore plus grands, au sommet de l'Albohacin, où ils déployèrent leurs escadrons et plantèrent leurs drapeaux.

Boabdil ne manquait pas de courage, mais il avait de la peine à se décider; quand une fois il avait pris une résolution, il agissait avec vigueur et ne reculait point devant les difficultés. Lorsqu'il vit les chrétiens gravir les hauteurs de l'Albohacin, il s'arma, et sortit courageusement avec ses meilleures troupes pour repousser l'ennemi.

Le comte de Cabra, suivant une autre route, d'après le plan d'attaque projeté avec le marquis, resta longtemps engagé avec ses soldats au milieu des canaux qui se croisaient dans la vallée; il entendit les cris des Maures, et reconnut Boabdil à la garde qui l'entourait. Il gémit en apercevant la proie qu'il convoitait, et qu'il ne pouvait atteindre; l'impatience, autant que les efforts qu'il faisait pour hâter sa marche, lui causèrent une fatigue inutile.

Enfin il parvint à sortir du labyrinthe où il avait été arrêté; mais, quand il rejoignit ses compagnons, le prince maure n'y était plus.

Boabdil avait attaqué les Espagnols avec plus de témérité que de prudence, et comme il marchait à la tête de sa troupe, il avait reçu, dès le premier choc, deux blessures, qui obligèrent ses gardes à l'emmener.

Le combat n'en continua pas moins avec acharnement. Un chevalier maure, d'un aspect sombre et terrible, monté sur un cheval noir et suivi d'une bande de Gomères, s'élança en avant pour prendre le commandement; c'était Hamel El Zegri, le farouche alcayde de Ronda. Animés par sa présence, les Maures revinrent plusieurs fois à la charge; mais ils furent autant de fois repoussés par le marquis de Cadiz, don Alonzo de Aguilar et le comte d'Urena, qui s'était placé au même endroit où son frère avait été tué quatre ans auparavant.

Les infidèles reçurent de nouveaux renforts qui parvinrent à chasser les chrétiens restés dans la vallée; alors le marquis de Cadiz et ses compagnons se virent bloqués de tous côtés. En ce moment critique, Ferdinand arriva avec le gros de l'armée; à côté de lui marchait le comte de Rivers.

Comme celui-ci n'avait pas encore vu de combats contre les Maures, il contemplait avec un œil avide ce mélange de casques et de turbans, son âme était émue, son sang bouillonnait dans ses veines. Il demanda au roi la permission d'accompagner les troupes fraîches qu'on envoyait au secours du marquis de Cadiz, et de combattre à la manière de son pays.

Sa demande lui ayant été accordée, il descendit de cheval. Il n'était armé qu'en *blanco*, c'est-à-dire qu'il n'avait que le morion, la cuirasse et l'épée, et portait à la main une énorme hache d'armes. Après avoir harangué ses soldats et leur avoir rappelé en peu de mots qu'ils combattaient pour la gloire de Dieu et l'honneur de la vieille Angleterre, il brandit sa hache au-dessus de sa tête, et, poussant le cri de guerre : *Saint Georges pour l'Angleterre!* il s'élança avec ses hommes au combat.

Ils avancèrent avec audace, frappant à droite et à gauche, et s'ouvrant une route avec leurs haches dans les escadrons ennemis, comme les bûcherons dans une forêt, pendant que les archers, pénétrant par cette brèche, lançaient de tous côtés des flèches que suivait la mort. Après eux venaient les montagnards castillans, qui ne voulaient point le céder en courage à ces insulaires.

Les Maures, étourdis par cette attaque d'un genre si nouveau pour eux, autant que découragés par la perte d'El Zégri, qu'on venait d'emporter blessé du champ de bataille, commencèrent à plier et à se retirer dans les faubourgs.

Lord Rivers et sa troupe y entrèrent pêle-mêle avec les fuyards, et continuèrent de se battre dans les rues et dans les maisons. Ferdinand survint avec sa garde ; les Maures furent repoussés dans la ville.

Le comte anglais, quoique déjà blessé, pénétra jusqu'à la porte de la place ; une pierre le frappa au visage et l'étendit sans connaissance.

On l'emporta; mais, quand il rouvrit les yeux, il refusa de quitter le faubourg et y planta fièrement son étendard.

Le marquis de Cadiz et ses compagnons dressèrent de nouveau leurs tentes sur la hauteur de Saint-Albohacin; Ferdinand avec son armée prit position d'un autre côté.

Maîtres ainsi des dehors de la place, les chrétiens purent construire leurs batteries, et un feu terrible commença de différents points à la fois. Les murs furent ébranlés, les tours s'écroulèrent, et on put voir, à travers les brèches, les maisons dévorées par les flammes que les bombes incendiaires des chrétiens y avaient allumées. Les hommes, les femmes et les enfants parcouraient les rues avec effroi, et tombaient au milieu de ce foyer, atteints par les projectiles de tout genre qui pleuvaient autour d'eux.

Les Maures essayèrent de relever leurs remparts, mais de nouvelles décharges les ensevelissaient sous de nouvelles ruines. D'autres attaquèrent les chrétiens dans les faubourgs, cherchant à détruire plutôt qu'à se défendre, et méprisant la mort, dans la persuasion que s'ils tombaient sous le fer des mécréants, ils seraient aussitôt transportés en paradis.

Ces scènes d'horreur s'étaient prolongées pendant deux nuits et un jour, lorsque quelques-uns des principaux habitants demandèrent à grands cris que l'on capitulât. Boabdil céda volontiers à leurs instances, et les conditions de la capitulation furent bientôt signées. Les Maures devaient rendre la ville immédiatement, délivrer tous leurs prisonniers chrétiens et sortir eux-mêmes de la place avec tous leurs effets.

Boabdil sortit le dernier. Il avait l'air souffrant et abattu; il s'agenouilla devant Ferdinand comme son vassal, et continua tristement sa route vers Riego, à trois lieues de Loxa.

CHAPITRE XIX.

Prise d'Illora et de Moclin. — Charité d'Isabelle.

Après avoir remis Loxa en état de défense, Ferdinand poursuivit sa victoire en mettant le siége devant la ville forte d'Illora, située à quatre lieues de la capitale des Maures, et dont le château était appelé l'*œil droit de Grenade*.

L'alcayde d'Illora était un des plus braves commandants maures; il se prépara à une défense opiniâtre, en renvoyant à la capitale les femmes, les enfants et les vieillards, et en barricadant les faubourgs.

Ferdinand arriva avec toute son armée devant la place, et l'investit entièrement. Quand tout fut prêt pour l'attaque, le duc de l'Infantado demanda à en être chargé. C'était sa première campagne; il était impatient de prouver à ses souverains que le luxe de ses chevaliers et de ses soldats pouvait s'allier à la bravoure. Ferdinand y consentit, et ordonna en même temps au comte de Cabra de soutenir le duc en attaquant la ville d'un autre côté.

— Chevaliers, dit le duc à sa suite, en les menant à l'assaut, on nous a reproché le luxe de nos armes; faisons voir qu'une lame tranchante peut reposer dans un fourreau doré. Marchons avec la confiance que Dieu nous aidera ; et si nous allons au combat comme des chevaliers bien vêtus, nous en reviendrons comme des guerriers éprouvés.

Ses hommes lui répondirent par de vives acclamations, et le suivirent à travers les traits, les balles et les pierres que leur lançaient les Maures. Ils pénétrèrent dans le faubourg, l'épée à la main, et après une lutte sanglante, ils réussirent à rejeter les Maures dans la ville, tandis que le comte de Cabra emportait avec autant de succès le faubourg opposé.

Les troupes du duc de l'Infantado revinrent au camp, bien diminuées en nombre et couvertes de blessures, de sang et de poussière. Elles reçurent du roi les plus grands éloges, et personne n'osa plus les railler de leurs broderies.

Les faubourgs étant emportés, trois batteries commencèrent à tonner contre la forteresse. Bientôt elle ne fut plus qu'un monceau de ruines, et l'alcayde, cédant malgré lui aux plaintes des habitants, demanda à se rendre.

Il fut remplacé par Gonzalve de Cordoue, alors seulement capitaine des gardes; mais il avait déjà donné des preuves de cette valeur qui depuis le rendit si célèbre.

Immédiatement après la prise de Loxa, Ferdinand avait écrit à son épouse pour l'inviter à se rendre au camp, afin qu'il pût la consulter sur la manière dont il devait disposer des territoires nouvellement conquis. Le marquis de Cadiz alla à la rencontre de la reine avec une suite nombreuse de chevaliers, et elle arriva dans le courant du mois de juin devant Moclin. Déjà Ferdinand avait porté son camp près de cette place pour en faire le siége.

En recevant les hommages du comte de Rivers, Isabelle ne put assez lui témoigner combien elle était sensible aux services qu'il venait de si loin rendre à la cause espagnole, et le lendemain elle lui envoya un présent de douze chevaux avec des tentes magnifiques et plusieurs autres objets de grand prix *.

Moclin, l'une des plus importantes forteresses des Maures, était situé sur un rocher élevé dont la base était presque entourée par une rivière, et devait à la force de ses remparts et de ses tours, qui dominaient tout le pays, le nom de *Bouclier de Grenade* que lui avaient donné les infidèles. El Zagal avait en outre fait creuser des fossés et élever de nouveaux ouvrages, et pour

* Lord Rivers retourna la même année en Angleterre. L'année suivante il alla avec quatre cents aventuriers au secours du duc de Bretagne contre le roi de France, et fut tué bientôt après à la bataille de Saint-Aubin.

que la garnison ne fût point ébranlée par les cris des femmes, des enfants et des vieillards, il les avait renvoyés à Grenade.

Ferdinand commença le siége avec d'autant plus de vigueur qu'il s'attendait à une résistance opiniâtre; mais l'artillerie eut bientôt produit son effet en démolissant ces tours orgueilleuses, qui, avant l'invention de la poudre, pouvaient être considérées comme imprenables. Le feu dura pendant deux nuits et un jour sans que les Maures parussent perdre courage. Un accident bien simple les déconcerta entièrement.

Une balle incendiaire partie d'une batterie et traversant les airs comme un météore, entra dans la fenêtre d'une tour où les Maures avaient déposé de la poudre. La tour sauta avec une terrible explosion; les soldats qui en garnissaient les créneaux furent lancés en l'air, et retombèrent en pièces dans différentes parties de la ville; les maisons voisines furent renversées comme par un tremblement de terre.

Les Maures qui n'avaient jamais été témoins d'une semblable explosion, attribuèrent la destruction de la tour à une cause surnaturelle. Quelques-uns même qui avaient vu tomber la balle enflammée, s'imaginèrent que ce feu était descendu du ciel pour les punir de leur opiniâtreté, et tous demandèrent à capituler. Ferdinand leur permit de sortir avec leurs effets, mais sans armes ni munitions, et l'armée chrétienne entra en triomphe au milieu des ruines.

L'étendard de la Croix, suivi de toutes les bannières de l'armée, ouvrait la marche. Puis venaient le roi et la reine avec une escorte nombreuse de chevaliers. Ils étaient accompagnés d'un chœur de prêtres et de religieux chantant le *Te Deum.*

Comme cet imposant cortége s'avançait dans les rues, on entendit un concert de voix qui semblaient sortir de dessous terre et qui répondaient à celles du dehors par ces touchantes paroles : *Benedictus qui venit in nomine Domini!* Béni soit celui qui vient au nom du Seigneur! (*Matth.* XXI.) La procession s'arrêta avec surprise. C'étaient les voix de plusieurs prêtres renfermés avec d'autres captifs dans des cachots souterrains.

Le cœur d'Isabelle fut profondément ému ; elle commanda de délivrer les captifs, et son émotion s'accrut en voyant à leur figure maigre et décolorée combien ils avaient souffert. Ils avaient les cheveux et la barbe longs, et en désordre. Ils étaient presque nus et chargés de chaînes. Isabelle les fit habiller et soigner, et leur donna de l'argent pour retourner chez eux.

Plusieurs de ces captifs étaient de braves chevaliers qui avaient été faits prisonniers l'année précédente dans la défaite du comte de Cabra par El Zagal. En visitant l'étroit passage où cette déroute avait eu lieu, on découvrit dans les brous-

sailles et dans les creux des rochers les restes de plusieurs guerriers chrétiens qui, trop grièvement blessés pour fuir, y avaient péri en cherchant à se cacher aux yeux des infidèles.

La pieuse reine fit recueillir ces restes, et on les inhuma dans les mosquées de Moclin, lorsqu'elles furent purifiées et consacrées au culte chrétien.

Isabelle resta encore quelque temps à Moclin, donnant des consolations et des secours aux blessés et aux prisonniers, réglant l'administration des territoires nouvellement conquis, et fondant des églises, des monastères et d'autres pieuses institutions. Son époux poursuivit sa marche victorieuse vers Grenade.

CHAPITRE XX.

Ferdinand dévaste la Vega. — Exploit de deux frères Maures. — El Zagal attente à la vie de son neveu. — Celui-ci retourne à Grenade.

La victoire avait abandonné les drapeaux d'El Zagal, et aux yeux des habitants de Grenade c'était un crime impardonnable. Tandis que l'armée chrétienne parcourait librement le royaume et mettait le siége devant les forteresses, El Zagal, qui voyait sa popularité décliner tous les jours, n'osait sortir de son palais : il craignait que le quartier de l'Albaycin, toujours prêt à se révolter contre son autorité, ne lui fermât ensuite les portes de la ville.

Quand on reçut la nouvelle de la prise d'Illora et de Moclin, le peuple fut saisi de consternation. « L'œil droit de Grenade est éteint ! s'écria-t-on de toutes parts, le bouclier de Grenade est brisé ! Qui nous protègera contre nos ennemis ? »

Mais quand les débris des garnisons de ces deux villes entrèrent dans la capitale, sans armes, sans étendards, et couverts de blessures, la populace furieuse leur prodigua les plus sanglants reproches. Ils répondirent : « Nous avons combattu aussi longtemps que nous avons eu des murs pour nous protéger ; mais les chrétiens les ont renversés, et nous avons attendu en vain des secours de Grenade. »

Les alcaydes d'Illora et de Moclin étaient frères. Égaux en bravoure, ils avaient été longtemps amis du peuple ; aujourd'hui on les accablait d'outrages. Outrés de l'ingratitude de leurs concitoyens, ils prièrent El Zagal de les renvoyer au devant des chrétiens qui s'avançaient, afin de pouvoir signaler leur valeur, non derrière des murailles qui trahissent leurs défenseurs, mais en rase campagne où le courage est livré à lui-même.

El Zagal donna aux deux frères des forces considérables, et résolut de les suivre avec toute son armée s'ils réussissaient. Ils sortirent de Grenade le regard sombre et sévère ; le peuple, en les voyant, ne fit entendre que de faibles acclamations.

Ferdinand était arrivé au pont de Pinos à deux lieues de Grenade, et était monté sur une hauteur lorsqu'il vit l'avant-garde, commandée par le marquis de Cadiz et le maître de de Saint-Iago, attaquée avec fureur par l'ennemi dans le voisinage du pont. C'étaient les alcaydes d'Illora et de Moclin, récemment sortis de la capitale. De quelque côté qu'ils se tournassent, ils portaient la mort et la confusion dans les rangs des chrétiens; mais il était facile de voir qu'ils combattaient plutôt avec désespoir qu'avec bravoure.

Le comte de Cabra et son frère s'avancèrent contre les Maures avec une telle précipitation, qu'ils furent aussitôt enveloppés. Don Juan d'Aragon, neveu du monarque, vola à leur secours; il fut assailli lui-même de tous côtés, et son cheval fut tué sous lui. Il continua cependant à soutenir tous les efforts de l'ennemi pour donner aux guerriers du comte de Cabra le temps de reprendre haleine.

Ferdinand s'approcha alors avec ses troupes, et l'ennemi, commençant à plier, se retira vers le pont. Les deux commandants maures essayèrent en vain de rallier leurs soldats; ils ne purent rassembler qu'une poignée de cavaliers, avec lesquels ils continuèrent le combat en désespérés, résolus qu'ils étaient de ne point rentrer vivants à Grenade. Enfin ils tombèrent tous les deux couverts de blessures sur le pont qu'ils avaient si courageusement défendu.

Le peuple de Grenade pleura en apprenant leur mort. Dans la suite on éleva près du pont une colonne en leur honneur, et on lui donna le nom de *Tombeau des deux Frères*.

Après avoir ravagé la Vega, Ferdinand alla rejoindre son épouse à Moclin, et ils rentrèrent ensemble en triomphe dans la ville de Cordoue.

A peine le dernier escadron de la cavalerie chrétienne eut-il disparu derrière la montagne d'Elvire, qu'El Zagal, las de n'être roi qu'à demi, résolut de se défaire de Boabdil et de tous ses partisans. Commençant par ces derniers, il en fit condamner un grand nombre à la confiscation de leurs biens et à l'exil ou même à la mort.

Boabdil s'était de nouveau retiré à Velez-El-Blanco, sur les confins de la Murcie, où il était à même, en cas de besoin, de recevoir secours et protection de Ferdinand. El Zagal lui envoya des députés pour lui représenter la nécessité de la concorde dans l'intérêt du royaume, et offrit même de renoncer à son titre de roi, en échange d'une terre où il pourrait vivre tranquillement.

Mais les députés, chargés de ces offres de paix, portaient aussi avec eux des poisons qu'ils devaient administrer à Boabdil, et si cette tentative ne leur réussissait pas, ils avaient l'ordre de l'assassiner pendant qu'il s'entretiendrait avec eux.

Le jeune monarque fut averti en secret de cette lâche trahison; il refusa de recevoir les députés, et jura qu'il ne cesserait de poursuivre le meurtrier de son père et de sa famille, que lorsqu'il verrait sa tête placée sur les murs de l'Alhambra.

Les hostilités recommencèrent donc entre les deux princes. Ferdinand donna des secours à Boabdil; mais ces secours, loin de servir au jeune roi, ne firent que le rendre plus méprisable aux yeux de son peuple.

Se voyant abandonné par ses chevaliers eux-mêmes, Boabdil avait perdu tout espoir, lorsqu'il reçut une lettre de sa mère la sultane Ayxa-la-Hora. « Tu devrais rougir, lui disait cette femme courageuse, de languir ainsi sur les frontières de ton royaume, pendant qu'un usurpateur commande dans la capitale. Pourquoi mendier des secours étrangers, quand à Grenade bien des cœurs fidèles battent encore pour toi ? L'Albaycin t'attend; un coup vigoureux peut tout réparer ou tout finir. Le trône ou le tombeau ! il n'y a point d'autre alternative pour un roi. »

Ces paroles tirèrent Boabdil de sa léthargie. Qu'ai-je fait, s'écria-t-il, pour être exilé du paradis de mes aïeux, tandis qu'un usurpateur, un assassin est assis sur mon trône ? Allah, je n'en doute pas, appuiera la cause de la justice, et fort de son secours je reprendrai mes droits.

Il fit appeler tous ceux de ses chevaliers qui lui étaient encore dévoués. Qui de vous, demanda-t-il, est prêt à suivre son roi jusqu'à la mort ?

Tous portèrent la main sur leurs cimeterres.

— Il suffit, reprit Boabdil. Armez-vous et préparez secrètement vos coursiers. L'entreprise est périlleuse ; mais si elle réussit, l'empire est à nous.

Il était minuit quand Boabdil descendant des

montagnes, dont il avait jusqu'alors suivi les passages les plus solitaires, approcha de Grenade.

Arrivé près de la porte de l'Albaycin, le prince ordonna à sa suite de s'arrêter et de rester cachée. Puis prenant quatre ou cinq hommes avec lui, il s'avança courageusement vers la porte et frappa avec la poignée de son cimeterre.

La sentinelle demanda qui voulait entrer. Votre roi, répondit Boabdil, ouvrez!

On apporta une lumière et l'on reconnut le jeune monarque. La porte s'ouvrit, et Boabdil entra librement avec ses cavaliers. Ceux-ci coururent aussitôt avertir les principaux habitants de l'arrivée du souverain légitime; les trompettes sonnèrent dans les rues, et au point du jour toutes les forces de l'Albaycin se trouvèrent réunies sous l'étendard de Boabdil.

El Zagal rassembla sa garde, et l'épée à la main il pénétra dans l'Albaycin. Boabdil le repoussa jusque dans le quartier de l'Alhambra, et les deux rois eux-mêmes en vinrent aux mains sur la place devant la principale mosquée. Après avoir combattu quelque temps corps à corps avec une implacable fureur, comme s'il avait été convenu entre eux de vider leur querelle dans un combat singulier, ils se trouvèrent séparés dans le tumulte, et le parti d'El Zagal fut obligé d'évacuer la place.

Cette lutte acharnée continua plusieurs jours de suite, jusqu'à ce qu'enfin le parti d'El Zagal eut repoussé ses adversaires dans l'Albaycin, et en fit le siége. Boabdil tenta vainement de se dégager; craignant que ses partisans ne se lassassent de tant de carnage, il envoya des lettres à don Fadrique de Tolède, qui commandait les forces espagnoles sur la frontière, pour réclamer son assistance.

Don Fadrique avait reçu de Ferdinand l'ordre de soutenir Boabdil dans sa querelle contre son oncle. Il s'approcha de Grenade avec un corps de troupes, et en envoya au jeune prince une partie sous la conduite de l'alcayde de Colomara. Mais ce fut un nouveau brandon jeté au milieu de l'incendie qui désolait la capitale et qui se prolongea encore longtemps.

CHAPITRE XXI.

Ferdinand met le siége devant Velez-Malaga.

Cependant les glorieux triomphes des souverains catholiques avaient retenti dans tout l'Orient et jeté l'alarme parmi les nations infidèles. L'empereur de Turquie Bajazet II, et son ennemi mortel le soudan d'Égypte, suspendant un instant leurs sanglantes querelles, firent une ligue pour défendre la religion de Mahomet et le royaume de Grenade contre les chrétiens.

Il fut convenu entre eux que Bajazet enverrait une puissante flotte attaquer la Sicile, alors appartenant à la couronne d'Espagne, pour distraire l'attention des souverains castillans, tandis qu'on dirigerait en même temps sur Grenade, par la côte d'Afrique, de grands renforts de troupes.

Ferdinand et Isabelle apprirent bientôt leurs desseins et résolurent de porter immédiatement la guerre sur les côtes de Grenade, afin de s'emparer des ports et de fermer ainsi la péninsule à tout secours étranger.

Malaga devait être le principal point d'attaque.

C'était le premier port du royaume ; il avait été longtemps le centre d'un commerce opulent avec la Syrie et l'Égypte. C'était aussi par là qu'arrivaient l'argent, les troupes, les armes et les chevaux expédiés de Tunis, de Tripoli et d'autres provinces barbaresques. Aussi l'appelait-on *la main et la bouche de Grenade*. Mais avant de mettre le siége devant cette place redoutable, on jugea nécessaire de s'emparer de la ville voisine, Velez-Malaga.

Ce fut au printemps de l'année 1487 que la noblesse du royaume fut appelée aux armes, et les chevaliers chrétiens répondirent avec tant de zèle à cet appel qu'une armée de vingt mille hommes de cavalerie et de cinquante mille hommes d'infanterie, la fleur des guerriers espagnols, se rassembla à Cordoue, au jour indiqué.

La nuit qui précéda le départ de cette puissante armée, un tremblement de terre ébranla la ville. Plusieurs regardèrent ce phénomène comme le présage de quelque malheur ; mais beaucoup d'autres n'y virent que l'annonce du prochain renversement de la domination des Maures.

Ferdinand se mit en route avec son armée le samedi, veille du jour des Rameaux. De fortes pluies avaient gonflé toutes les rivières et rendu les chemins très-difficiles. Le roi partagea donc ses troupes en deux corps. L'un, commandé par le maître d'Alcantara et dans lequel se trouvait toute l'artillerie, devait prendre la route des vallées, où les bœufs attelés aux pièces trouveraient d'abondants pâturages. L'autre, dirigé par le roi en personne, et qui formait le gros de l'armée, prit le chemin périlleux des montagnes.

Quatre mille pionniers furent envoyés en avant pour aplanir les difficultés : car les routes que l'on suivait n'étaient que des sentiers à mulets, passant au bord des précipices, et tantôt s'élevant à des hauteurs énormes, tantôt descendant par d'effrayants ravins, où souvent les hommes et les chevaux avaient à peine assez de place pour poser le pied. Malgré toutes les précautions, un grand nombre de bêtes de somme périrent.

L'armée fut transportée de joie, quand, au sortir de ces sombres défilés, elle vit devant elle la Vega de Velez-Malaga. Cette belle contrée, abritée contre les vents par une chaîne de montagnes qui s'étendaient en s'abaissant vers le midi, était couverte de vignes, de champs et de pâturages, à travers lesquels coulaient les eaux argentées de la Velez. Autour de la ville s'élevaient au milieu des plus riants jardins les pavillons blancs des Maures, leurs retraites favorites dans la belle saison.

Dans la partie supérieure de cette belle vallée, on voyait les remparts de la ville de Velez-Malaga, construite sur le penchant d'une colline escarpée. Au-dessus de la ville la crête de la col-

7

line n'était qu'un rocher inaccessible de tous les autres côtés, et couronné par un château-fort qui dominait tous les environs. Deux faubourgs s'étendaient dans la vallée et étaient défendus par des remparts et des fossés.

Les montagnes grises qui s'élevaient au nord étaient habitées par un peuple guerrier, dont les nombreuses forteresses semblaient regarder avec dédain du haut de leur élévation dans la plaine.

Au moment où les chrétiens arrivèrent en vue de cette vallée, une escadre, sous pavillon castillan, sillonnait la mer qui en baignait les bords. Elle se composait de quatre galères, escortant un certain nombre d'autres bâtiments chargés de provisions pour l'armée.

Après avoir examiné le terrain, Ferdinand résolut de camper sur le penchant d'une montagne, appartenant à une chaîne qui s'étendait depuis Grenade jusqu'à la mer. Au sommet de cette montagne se trouvait une ville, bien fortifiée et nommée Bentomiz.

Quelques-uns des généraux remontrèrent au roi le danger de la position qu'il venait de choisir ; il répondit qu'il voulait couper toute communication entre les deux villes, et que c'était aux chefs à se tenir en garde contre toute surprise.

Il monta ensuite à cheval et, suivi d'un petit nombre de chevaliers et de cuirassiers, il alla indiquer les diverses stations du camp, pendant qu'une troupe d'infanterie, formant une garde avancée, se postait sur une hauteur voisine et importante. A peine fut-il rentré dans sa tente pour prendre quelque nourriture, qu'il entendit un bruit confus : ses soldats, surpris par des forces ennemies supérieures, fuyaient en désordre de tous côtés.

Ferdinand n'avait alors d'autre armure que sa cuirasse. Néanmoins, saisissant une lance, il sauta sur son cheval, et suivi de son escorte, courut au-devant des fuyards, qui, en le voyant, retournèrent à l'ennemi. Emporté par son courage, il se jeta au milieu des Maures ; mais quand il voulut tirer son épée, il ne put y parvenir.

Dans ce moment critique, le marquis de Cadiz et d'autres chevaliers accoururent, et, entourant le roi, lui firent un rempart de leurs corps. Bientôt le marquis, aidé de ses compagnons, eut mis en fuite les Maures, et les poursuivit jusqu'aux portes de la ville.

De retour auprès du monarque, ces fidèles guerriers lui représentèrent combien il avait tort de s'exposer ainsi, tandis qu'il avait auprès de lui tant de vaillants capitaines dont le devoir était de combattre ; mais Ferdinand, tout en reconnaissant la sagesse de leurs conseils, leur répondit qu'il n'avait pu voir ses soldats dans un danger si pressant, sans risquer sa vie pour les protéger.

Cette réponse, qui fut bientôt connue, charma toute l'armée.

Déjà le camp était formé, mais l'artillerie était encore en route. A peine pouvait-elle faire une lieue par jour, tant les pluies avaient défoncé les chemins.

Dans l'intervalle le roi ordonna de donner un assaut aux faubourgs de la ville. Ils furent emportés après un combat sanglant qui dura six heures et coûta la vie à plusieurs chevaliers. Au nombre des blessés se trouva don Alvaro de Portugal, fils du duc de Bragance. Les faubourgs furent ensuite fortifiés du côté de la ville par des tranchées et des palissades, et l'on creusa d'autres tranchées pour couper toute communication entre les assiégés et le pays environnant.

Des corps de troupes furent aussi envoyés prendre possession des défilés par lesquels devaient arriver les approvisionnements pour l'armée; mais les montagnes étaient si escarpées et si pleines de chemins creux et d'enfoncements que les Maures pouvaient faire des sorties et rentrer ensuite en toute sécurité avec les convois interceptés.

Souvent l'ennemi allumait pendant la nuit des feux sur le penchant des montagnes, auxquels en répondaient d'autres allumés sur les tours de la place et des forts environnants. C'étaient autant de signaux, au moyen desquels les Maures concertaient leurs attaques contre les chrétiens, qui étaient ainsi obligés de se tenir continuellement sur leurs gardes.

Ferdinand se flattait que le seul déploiement de ses forces aurait produit sur les assiégés une impression assez vive pour les déterminer à capituler à des conditions honorables. Il écrivit donc aux commandants de Velez-Malaga une lettre dans laquelle il leur promettait de laisser les habitants se retirer avec leurs effets, s'ils se rendaient de suite, et les menaçait en même temps du fer et de la flamme s'ils persistaient dans leur défense. Cette lettre fut envoyée par un chevalier, qui, l'ayant attachée à la pointe d'une lance, la remit aux Maures postés sur les remparts. Les commandants répondirent qu'ils étaient résolus à se défendre.

Comme le roi recevait cette réponse, il apprit aussi que dans la forteresse de Comarès, située sur une hauteur à deux lieues du camp, s'étaient rassemblés un grand nombre de guerriers, sortis de l'Axarquia, de ces mêmes montagnes où tant de nobles chevaliers avaient été massacrés au commencement de la guerre. Les rapports ajoutaient qu'on en attendait encore d'autres.

Pour maintenir dans son armée la discipline et la vigilance nécessaires dans une position si critique, Ferdinand soumit les troupes aux règlements les plus sévères. Il défendit le jeu et le blasphème, et chassa du camp tous les gens de mauvaises mœurs. Les peines dont étaient menacés ceux qui enfreindraient ces règlements étaient si rigoureuses qu'on n'entendit plus une seule parole impie ou licencieuse, et qu'on ne tira pas une fois l'épée pour une querelle particulière.

Pendant ce temps l'orage se formait sur les montagnes : des troupes innombrables de barbares descendaient de la Sierra vers Bentomiz, et menaçaient d'envahir tout le pays. Le roi envoya contre elles plusieurs détachements qui les repoussèrent jusqu'au sommet des montagnes, où il était impossible de les poursuivre plus longtemps.

Dix jours s'étaient écoulés, et l'artillerie n'était pas encore arrivée. On avait été obligé de laisser les plus lourdes pièces à Antequerra ; il n'y eut que celles d'un moindre calibre que l'on put mener plus loin. Quelques-unes seulement arrivèrent enfin à une demi-lieue du camp et ranimèrent les espérances des chrétiens.

CHAPITRE XXII.

Stratagème d'El Zagal pour surprendre le roi castillan. — Boabdil remonte sur le trône. — Capitulation de Velez-Malaga.

Pendant que l'étendard de la croix flottait sur les hauteurs devant Velez-Malaga, la guerre civile allumée entre El Zagal et son neveu continuait à déchirer la ville de Grenade.

Les nouvelles reçues de Velez-Malaga excitèrent l'attention des anciens et des alfaquis, qui se répandirent dans la ville et s'efforcèrent de réveiller dans le peuple le sentiment du danger commun.

— Pourquoi, disaient-ils, ces querelles entre des frères qui devraient s'unir pour sauver le pays? Que signifient ces combats où le triomphe même est honteux, et où le vainqueur cache en rougissant ses blessures? Voyez les chrétiens ravager le pays conquis par le courage et le sang de vos ancêtres, et se reposer à l'ombre des arbres sous lesquels vous avez été élevés, tandis que vos frères sont chassés de leurs foyers et abandonnés au désespoir. Voulez-vous connaître votre véritable ennemi? il est campé sur la montagne de Bentomiz. Avez-vous besoin d'une arène pour montrer votre valeur? vous la trouverez sous les murs de Velez-Malaga.

Ils adressèrent les mêmes remontrances aux deux rois rivaux. « Vous voulez être roi, dit Hamet-Aben-Zarroux, le santon prétendu inspiré, à El Zagal, et vous laissez perdre votre royaume! »

El Zagal se trouvait fort embarrassé : il ne pouvait ni laisser les chrétiens s'emparer des côtes et ruiner le pays, ni permettre à son neveu de profiter de son absence pour s'emparer du trône. Il se fit un mérite de la nécessité, et consentit à s'accommoder avec Boabdil, offrant de renoncer au titre de roi, de se soumettre à l'autorité de son neveu et de combattre sous ses drapeaux. Mais le jeune prince rejeta avec opiniâtreté toutes ses propositions, qu'il appelait les artifices d'un hypocrite et d'un traître.

El Zagal écumait de rage; cependant il n'y avait pas de temps à perdre. Obsédé par les alfaquis et étourdi par les clameurs du peuple qui se plaignait qu'on abandonnât ainsi les villes les plus riches à l'ennemi, le vieux guerrier se décida enfin à frapper un coup qui peut-être assurerait sa popularité à Grenade. Il avait reçu depuis peu des renforts de Baza, de Guadix et d'Almeria; il pouvait ainsi laisser une garnison considérable dans l'Alhambra, pour défendre cette forteresse contre les attaques de son neveu.

Après avoir pris toutes ses précautions, il partit subitement pendant la nuit, à la tête de mille cavaliers et de vingt mille hommes de pied, et suivant les routes les moins fréquentées de la chaîne de montagnes que nous avons dit s'étendre depuis Grenade jusqu'à la hauteur de Bentomiz, il marcha avec tant de rapidité qu'il arriva devant cette dernière ville, avant que Ferdinand fût instruit de son approche.

Un soir les chrétiens aperçurent de grands feux allumés sur la montagne autour de la forteresse de Bentomiz. A la lueur sinistre de ces feux, ils virent briller les armes des troupes qui s'avançaient et entendirent les sons éloignés des tambours et des trompettes. Le cri : *El Zagal! El Zagal* retentit au milieu des rochers et sur les murs de la ville, où d'autres feux répondaient à ceux du dehors ; et c'est ainsi que les chrétiens apprirent la présence du vieux roi maure sur les montagnes qui dominaient leur camp.

Le comte de Cabra, enflammé de cette ardeur qu'il montrait toutes les fois qu'il y avait à combattre un roi de Grenade, aurait voulu escalader les hauteurs ; mais le roi s'y opposa, et ordonna en même temps à tous les chefs de rester à leurs postes.

Pendant toute la nuit les signaux continués sur les montagnes, appelèrent aux armes tout le pays. Mais ce fut un bien plus beau spectacle le lendemain matin, lorsque les premiers rayons du soleil vinrent éclairer les tentes blanches des chevaliers chrétiens avec leurs enseignes et leurs banderoles flottant au gré des vents.

Le somptueux pavillon du monarque, surmonté du saint étendard de la croix et des bannières royales, dominait le camp. Au delà s'étendaient les murs de la ville et ses nombreuses tours qui brillaient de l'éclat des armes, et au-dessus du camp s'élevaient les tentes des Maures, dont les turbans et les bannières se dessinaient sur l'azur du firmament.

El Zagal avait envoyé des forces considérables sous la conduite de Rodovan de Vanegas, alcayde de Grenade, pour s'emparer de l'artillerie qui était restée dans les défilés; mais Ferdinand ayant prévu cette attaque, avait aussi envoyé de son côté des renforts au maître d'Alcantera, et le roi maure rappela sur-le-champ l'alcayde. Ensuite les deux armées restèrent tranquilles pendant quelque temps.

El Zagal profita de ce repos pour prendre toutes les mesures nécessaires au plan qu'il avait projeté. Il écrivit à l'alcayde de Velez-Malaga une lettre annonçant qu'à un signal donné par un feu allumé sur la montagne, il devait faire une sortie avec toutes ses troupes, tandis que lui El Zagal tomberait sur l'armée espagnole du côté opposé. Un renégat chrétien qui connaissait tous les chemins fut chargé de porter cette lettre à l'alcayde.

Lorsque les ténèbres de la nuit commencèrent à s'étendre sur la Vega, le féroce El Zagal montra à ses amis le camp des chrétiens et leur dit : « Allah achbar! voyez; les infidèles sont livrés entre nos mains. C'est maintenant le moment de montrer notre courage. Heureux celui qui tombera en combattant pour la cause du Prophète! il sera transporté sur-le-champ dans le paradis des fidèles. Heureux aussi celui qui survivra à la victoire! il verra Grenade rendue à son ancienne splendeur. »

La reine Isabelle était à Cordoue, lorsque la nouvelle du départ du roi maure, allant surprendre le camp chrétien, répandit la consternation dans cette ville, dont les habitants n'avaient pas encore oublié les désastres de l'armée espagnole dans les montagnes voisines du théâtre actuel de la guerre.

Isabelle partagea l'effroi général, mais elle n'en déploya que mieux toute l'énergie de son âme héroïque. Elle appela aux armes tous les hommes de l'Andalousie au-dessous de l'âge de soixante-dix ans, et elle se prépara à partir avec les premières levées.

Le grand cardinal d'Espagne, le vieux Pedro

Gonzalez de Mendoza, offrit une haute paie à tous ceux qui voudraient le suivre auprès du roi, et l'on vit des guerriers, qui depuis longtemps avaient cessé de combattre, reprendre leurs épées et leurs lances qui se rouillaient sur les murs où elles étaient suspendues.

Cependant l'heure fixée par El Zagal était arrivée, et le camp des chrétiens paraissait déjà plongé dans le sommeil. Une flamme vive brilla sur la hauteur de Bentomiz; mais les Maures attendirent en vain le signal que la ville devait donner en réponse.

Ne pouvant maîtriser son impatience, El Zagal fit avancer son armée par un étroit défilé. Tout à coup un grand cri rompit le silence des ténèbres; les Maures se virent attaqués de tous côtés par les chrétiens qui les attendaient cachés dans l'ombre, et furent obligés de battre en retraite.

El Zagal se doutant que les chrétiens avaient découvert son projet, et craignant à son tour quelque ruse de leur part, donna l'ordre d'allumer tous les feux des montagnes. Bientôt toute l'atmosphère fut inondée d'une lumière semblable à celle d'une fournaise. De quelque côté que le roi maure tournât les yeux, il ne vit que des casques, des cuirasses et des fers de lances; sur tous les points étaient des hommes armés, à pied ou à cheval et rangés en bataille.

La lettre d'El Zagal à l'alcayde de Velez-Malaga avait été en effet interceptée par le vigilant Ferdinand, et des mesures secrètes avaient été prises pour faire à l'ennemi une bonne réception. Plein de dépit, El Zagal ordonna à ses troupes d'avancer de nouveau, elles furent encore repoussées avec perte ; mais le combat n'en dura pas moins toute la nuit.

Quand le jour parut, les Maures, voyant que la ville ne prenait aucune part à leurs efforts, commencèrent à perdre courage. Alors Ferdinand envoya le marquis de Cadiz s'emparer d'une hauteur occupée par l'ennemi. Une terreur panique s'empara des infidèles, et jetant, avant même d'être attaqués, leurs armes et tout ce qui les embarrassait, ils se dispersèrent dans les montagnes et les défilés.

En vain El Zagal et ses chevaliers voulurent rallier leur armée ; eux-mêmes furent obligés de chercher leur salut dans la fuite. Le marquis de Cadiz, ne trouvant plus de résistance, monta d'une hauteur à l'autre, et après être parvenu avec ses troupes à l'endroit que l'armée des Maures avait occupé et qui était jonché d'armes de toute espèce, il retourna au camp.

La nouvelle de cette défaite arriva à Cordoue au moment où les premiers renforts allaient partir pour rejoindre l'armée. Les craintes du peuple et de la reine se changèrent en transports de joie et de reconnaissance ; les troupes que l'on venait de lever, furent renvoyées dans leurs foyers, et le *Te Deum* fut chanté dans toutes les églises pour remercier le ciel d'une victoire si éclatante.

La hardiesse avec laquelle El Zagal était allé défendre ses états, en laissant un rival armé dans la capitale, avait frappé d'admiration le peuple de Grenade. Des courriers venus de l'armée annoncèrent la position formidable qu'il avait prise à Bentomiz, et la guerre civile se ralentit pour un moment. Les Maures étaient dans l'attente de quelque grand événement, comme leur victoire de Malaga. On proclamait El Zagal le libérateur de la patrie, et l'on reprochait à Boabdil sa honteuse inaction, son indifférence pour son peuple.

Mais pendant que les habitants de Grenade attendaient avec impatience d'autres nouvelles du théâtre de la guerre, on vit des cavaliers épars traverser la Vega. C'étaient des fuyards de l'armée maure qui annonçaient, mais d'une manière confuse, les premiers détails de leur défaite. Après eux en vinrent d'autres qui la confirmèrent entièrement.

Il y eut une explosion générale d'indignation. Confondant le chef avec l'armée, le peuple de Grenade ne regarda plus que comme un lâche et un traître celui qui avait été auparavant son idole, et les cris de *vive Boabdil! Mort à tous les usurpateurs!* retentirent au milieu de cette foule inconstante. Boabdil fut conduit en cérémonie à l'Alhambra et replacé sur le trône de ses ancêtres.

Le jeune roi ne s'endormit pas sur la foi de ces bruyantes démonstrations, et montant sur le trône comme un prince légitime qu'un usurpateur a dépossédé, il ordonna de trancher la tête à quatre des principaux seigneurs qui s'étaient montrés les plus dévoués à son oncle.

Lorsque El Zagal aussi confus de son dernier revers qu'il avait été fier et insolent la veille, arriva près de Grenade, il s'arrêta, le cœur plein des plus sinistres pressentiments, sur les bords du Xenil.

Les éclaireurs qu'il avait envoyés en avant, vinrent lui dire que les portes de la capitale étaient fermées pour lui, et sans proférer une parole il tourna la bride et s'éloigna tristement. Après avoir séjourné quelque temps à Almeria et à Almunecar, places qui lui étaient restées fidèles, malgré ses revers, il se retira à Guadix à quelques lieues de Grenade, où il s'efforça de rallier ses troupes.

Les habitants de Velez-Malaga avaient été surpris des signaux de la nuit auxquels ils ne pouvaient rien comprendre et du bruit éloigné du combat. Quelle fut leur stupeur quand au lever du soleil, ils ne virent plus l'armée maure qui avait disparu comme par enchantement !

Leur consternation fut au comble quand Rodovan de Vanegas arriva avec les débris de l'armée devant la porte de la ville. Rodovan chercha à les encourager par l'espoir de nouveaux secours ; d'ailleurs l'artillerie espagnole semblait être condamnée à ne jamais sortir des défilés où elle était arrêtée. Mais le lendemain parurent de longues files de canons et de voitures chargées de munitions et de toutes les machines nécessaires à un siége, qui entraient lentement dans le camp chrétien.

La nouvelle que Grenade avait fermé ses portes à El Zagal, et qu'il n'y avait plus de secours à attendre de cette ville, acheva de décourager les assiégés ; ils songèrent à capituler. Les conditions furent réglées entre l'alcayde et le comte de Cifuentès, alors prisonnier de Rodovan, qui l'avait toujours traité avec une courtoisie chevaleresque.

Impatient d'attaquer Malaga, Ferdinand accepta ces conditions. Les habitants eurent la liberté d'emporter leurs effets, non leurs armes, et de se retirer dans l'intérieur de l'Espagne. Cent vingt chrétiens des deux sexes furent rendus à la liberté et envoyés à Cordoue.

La reddition de Bentomiz, de Comarès et de toutes les villes et forteresses de l'Axarquia suivit de près la prise de Velez-Malaga. Les habitants d'environ quarante villes des montagnes des Alpuxarras envoyèrent aussi des députations aux souverains castillans et prêtèrent serment comme *mudexares*, ou *vassaux musulmans*.

Vers le même temps arrivèrent des lettres de Boabdil, annonçant aux souverains la révolution qui s'était opérée à Grenade en sa faveur, et sollicitant leur protection pour cette ville ainsi que pour toutes celles qui se détacheraient du parti de son oncle. Ils accédèrent à sa demande, et permirent aux habitants de Grenade de trafiquer avec les pays chrétiens et d'échanger avec eux toutes sortes de marchandises, excepté des armes. Ces faveurs, jointes aux menaces dont elles étaient accompagnées, suffirent pour ramener beaucoup de villes sous l'étendard de Boabdil.

Après ces arrangements, Ferdinand tourna de nouveau toutes ses pensées vers Malaga.

CHAPITRE XXIII.

Ferdinand marche contre Malaga.

La ville de Malaga est située au fond d'une vallée fertile, qui s'ouvre vers la mer. C'était alors une des plus importantes et des plus fortes places du royaume des Maures. Entourée de murs d'une solidité prodigieuse, elle était défendue du côté de la terre par les montagnes, et du côté opposé les flots de la Méditerranée venaient se briser contre les fondations de ses massifs remparts.

A l'une des extrémités de la ville et sur une hauteur était l'*alcazaba,* la citadelle ; au-dessus s'élevait un rocher escarpé où était autrefois un phare, qui fit donner à ce rocher le nom de *Gibralfaro* *. Il y avait alors un immense château, réputé imprenable, qui communiquait avec l'alcazaba par un chemin couvert.

Hors de l'enceinte de la ville s'étendaient deux grands faubourgs. Celui qui faisait face à la mer était composé des maisons et des jardins des ha-

* *Gibel-faro*, la montagne du phare.

bitants les plus opulents; l'autre, du côté de la terre, était très-peuplé et entouré de murailles.

Malaga possédait une garnison brave et nombreuse, et le commun du peuple était actif et plein de résolution ; mais la cité était riche et commerçante, et les principaux marchands enviaient les priviléges accordés à ceux des Maures qui s'étaient déclarés pour Boabdil. A la tête de ces citoyens intéressés était Ali-Dordux, dont les vaisseaux trafiquaient avec tous les ports du Levant. Il jouissait d'une telle autorité parmi les Maures que sa parole faisait loi à Malaga.

Ali-Dordux rassembla les plus influents de ses confrères; ils se rendirent en corps à l'alcazaba, auprès de l'alcayde Albozen Connexa. Ali représenta au dernier le peu d'espoir qu'offrait la défense de la ville, et les avantages dont elle pourrait jouir si elle se soumettait à Boabdil. L'alcayde se laissa convaincre, et partit aussitôt pour le camp chrétien, chargé des pouvoirs nécessaires pour conclure une capitulation avec Ferdinand. Pendant son absence son frère prit le commandement de l'alcazaba.

A cette époque le château de Gibralfaro avait pour alcayde un Maure fier et belliqueux, ennemi juré des chrétiens. C'était Hamet Zeli, surnommé El Zegri, l'ancien alcayde de Ronda. Il n'avait jamais pardonné aux Espagnols la prise de sa forteresse, et, malgré ses défaites, il avait conservé la faveur d'El Zagal.

Hamet avait rassemblé autour de lui les débris de sa troupe de Gomères. Semblables à des oiseaux de proie dans leur nid de rocher, ces féroces guerriers regardaient avec mépris tout ce qui se trouvait au-dessous d'eux, la garnison de l'alcazaba aussi bien que les pacifiques habitants de la cité. Qu'on juge de leur colère lorsqu'ils apprirent que Malaga allait se rendre sans coup férir!

Résolu de détourner l'humiliation dont cette ville était menacée, El Zegri eut une conférence secrète avec ceux des habitants qui étaient demeurés fidèles à la fortune d'El Zagal, et s'assura de leur coopération dans l'exécution du projet qu'il méditait.

Il descendit avec ses Gomères dans la citadelle, mit à mort le frère de l'alcayde et tous ceux qui voulurent résister, et convoqua ensuite les habitants pour délibérer, disait-il, sur des mesures de salut général.

Les riches marchands remontèrent à la citadelle, à l'exception d'Ali-Dordux, et trouvèrent Hamet entouré de ses terribles Africains, encore dégouttants du sang qu'ils venaient de répandre.

— Qui d'entre vous, dit-il avec un regard farouche, veut défendre cette ville jusqu'à la dernière extrémité?

Tous protestèrent de leur fidélité et de leur dévouement.

— Cela suffit, reprit Hamet. L'alcayde Albozen Connexa est traître à son souverain. Il faut en choisir un autre plus capable de nous défendre.

L'assemblée déclara unanimement que personne n'était plus digne qu'Hamet du commandement, et Hamet fut choisi pour alcayde.

Toutes les négociations entre le roi Ferdinand et Albozen Connexa furent interrompues. Cependant le marquis de Cadiz trouva à Velez-Malaga un marchand de distinction qui offrit de corrompre Hamet, et Ferdinand donna plein pouvoir au marquis de faire tout ce qu'il jugerait convenable.

Le marquis arma le Maure de ses propres armes et lui donna un de ses chevaux. Il équipa de la même manière un autre Maure, parent du premier, et les chargea de lettres secrètes adressées à El Zegri, par lesquelles il lui offrait la ville de Coïn avec quatre mille doublons d'or, s'il voulait livrer le château de Gibralfaro. Une récompense bien plus considérable devait être le prix de la reddition de la ville même.

Hamet avait l'admiration d'un guerrier pour le marquis. Il reçut ses envoyés avec courtoisie et écouta leurs propositions. Mais ils n'obtinrent de lui qu'un refus formel.

Le marquis envoya ses émissaires une seconde fois avec de nouvelles propositions; ils furent découverts à l'entrée de la ville et ne durent leur salut qu'à la vitesse de leurs chevaux.

Ferdinand somma ensuite publiquement la ville de se rendre. Le message fut rendu en présence des principaux habitants ; aucun d'eux n'osa déclarer son avis. « Allez dire à votre roi, dit alors Hamet aux envoyés avec un air hautain, que la ville de Malaga m'a été confiée non pour la rendre, mais pour la défendre. »

Aussitôt que cette réponse fut connue du roi, il ordonna de faire avancer l'artillerie, et, le 7 mai, il conduisit son armée contre Malaga.

Tandis que l'armée chrétienne, filant sur une longue colonne, marchait au pied des montagnes qui bordent la Méditerranée, une flotte chargée de grosse artillerie et de munitions la suivait à peu de distance de la côte, et couvrait la mer de ses voiles éclatantes.

A la vue de tant de forces, Hamet fit mettre le feu aux maisons des faubourgs, et envoya trois bataillons à la rencontre de l'ennemi. Les chrétiens qui s'approchaient de la ville du côté du fort de Gibralfaro, étaient obligés de passer par un défilé entre ce château et la grande chaîne de montagnes qui entoure la Vega. Hamet ordonna à ses trois bataillons d'occuper, l'un le passage, l'autre un rocher qui commandait ce passage, et le troisième le côté de la montagne qui regardait la mer.

Un détachement d'infanterie espagnole s'avança avec courage pour gravir la montagne, tandis qu'un certain nombre de chevaliers et d'hidalgos de la maison royale attaquaient les Maures qui gardaient le passage.

Les Maures défendirent leurs postes avec opiniâtreté; la lutte fut longue et meurtrière. On combattait corps à corps, on ne songeait point à faire des prisonniers, mais à tuer. Cependant il n'y avait encore d'engagé que l'avant-garde de l'armée chrétienne, qui ne pouvait avancer que par file, tant le passage était étroit.

A la fin un corps de troupes gravit avec beaucoup de peine le côté escarpé du rocher qui dominait le passage, et les Maures abandonnèrent ce dernier poste avec désespoir.

Le combat continuait encore sur la hauteur, lorsqu'un brave porte-étendard, Luyz Mazedo, s'élança au milieu des ennemis, et planta sa bannière au sommet. Les Espagnols, encouragés par ce noble dévouement, suivirent Mazedo, et les Maures furent repoussés jusque dans le château de Gibralfaro.

Rien ne s'opposait plus au passage de l'armée, mais déjà le jour baissait; l'on fut obligé d'attendre au lendemain pour établir le camp. Les chrétiens passèrent la nuit sous les armes, et le roi lui-même fit des rondes pour se prémunir contre toute attaque de l'ennemi.

Au point du jour, Ferdinand contempla avec admiration les tours et les forts de cette puissante cité, qu'il se flattait d'ajouter à ses états, ainsi que la riche campagne, les jardins suspendus et les bosquets qui l'environnaient.

L'importante hauteur qui avait coûté tant de sang et qui était située en face du fort de Gibralfaro, fut confiée à la garde du marquis de Cadiz. De ce point une ligne de postes s'étendait tout autour de la ville, munie de remparts et de fossés, tandis que la flotte croisait devant le port; de sorte que la place était complétement investie par terre et par mer. Alors commencèrent les travaux, et la vallée se remplit d'ouvriers chargés de préparer les machines de guerre et les munitions.

Lorsque le camp fut établi, on débarqua la grosse artillerie, et les pièces furent montées sur les différents points de la ligne. Les Maures firent les plus grands efforts pour empêcher ces préparatifs, et les travailleurs, pour être à l'abri du feu de la ville, durent n'opérer que la nuit.

Cependant les travaux furent bientôt achevés, et les batteries de l'armée chrétienne commencèrent à leur tour à foudroyer la ville, en même temps que d'un autre côté elle était attaquée vigoureusement par la flotte qui s'était rapprochée des murs.

Le spectacle imposant que Malaga offrait pendant le jour était encore plus terrible pendant la nuit. Alors les balles à feu lancées dans la ville et l'incendie des maisons sur lesquelles elles tombaient répandaient une horrible lumière, que reflétaient au loin les flots de la mer. Les chrétiens faisaient un feu continuel, et *les Sept Sœurs de Ximenès*, c'est ainsi qu'on appelait sept gros canons, produisaient un effet épouvantable. L'artillerie des assiégés ripostait avec l'éclat de la foudre; Gibralfaro était tout enveloppé dans les tourbillons de fumée qui s'élevaient à ses pieds. El Zegri et ses Gomères contemplaient avec triomphe l'orage qu'ils avaient excité; on eût dit une bande de démons, à qui le ciel avait permis de s'emparer de cette ville pour l'entraîner à sa perte.

CHAPITRE XXIV.

Suite du Siége de Malaga. — Obstination de Hamet El Zegri. — Attaque du marquis de Cadiz contre Gibralfaro. — Ambassade du roi de Tremezan.

Les remparts de Malaga continuaient de résister à tous les efforts des assiégeants; mais l'une des principales tours du faubourg avait été ébranlée par le canon, et ses créneaux démolis ne présentaient plus aucun abri aux Maures qui la défendaient. Le comte de Cifuentes, rendu à la liberté depuis la prise de Velez-Malaga, tenta de l'escalader avec une troupe de chevaliers; il fut repoussé avec perte. Le lendemain, suivi de forces supérieures, il renouvela l'attaque, et, après un combat opiniâtre, il parvint à planter sa bannière sur le sommet de la tour.

Les Maures revinrent bientôt attaquer eux-mêmes la tour. Ils minèrent le côté qui regardait la ville, placèrent des étais de bois sous les fondations, et y mirent le feu. Les fondations s'écroulèrent, et une portion de la tour tomba avec un bruit terrible, entraînant dans sa chute un grand nombre de chrétiens.

Cependant une brèche avait été pratiquée dans le mur qui touchait à la tour, et par cette brèche les assiégés purent recevoir des renforts. Le combat dura pendant deux jours et une nuit. A la fin les Maures furent obligés de céder, et les chrétiens demeurèrent maîtres de la plus grande partie du faubourg.

Ce succès partiel, quoiqu'il eût coûté bien du sang, inspira un nouveau courage à l'armée chrétienne. Mais il n'était pas si facile d'attaquer le corps même de la place, défendu par de vieux soldats, que n'effrayaient plus les batteries ennemies.

Accoutumés à emporter avec rapidité les forteresses des Maures, les Espagnols s'impatientèrent de la longueur du siége, et plusieurs, craignant ou la famine ou une maladie contagieuse qui s'était déclarée dans les environs, passèrent honteusement à l'ennemi. Les rapports exagérés qu'ils donnèrent du mécontentement et de la détresse de l'armée chrétienne, ranimèrent l'ardeur de la garnison et surtout d'El Zegri. Les Maures firent de vigoureuses sorties et donnèrent toutes les preuves d'un courage indomptable.

Ferdinand apprit que les déserteurs avaient dit aussi aux assiégés que la reine, inquiète pour lui-même, lui avait écrit plusieurs fois de lever le siége et de renoncer à une conquête impossible. Afin de détruire l'effet de ces bruits, il pria son épouse de venir elle-même se fixer au camp.

L'enthousiasme de l'armée fut grand, lorsqu'elle vit la reine venir partager ses travaux et ses dangers. Isabelle avait amené au camp sa fille l'infante et toute sa cour, afin de bien montrer qu'elle ne voulait pas seulement faire une simple visite à son époux.

A son arrivée et par son ordre les hostilités furent suspendues, et un parlementaire fut envoyé aux assiégés, leur offrir les mêmes conditions qui avaient été accordées aux habitants de Velez-Malaga, s'ils voulaient se rendre immédiatement.

Hamet reçut ce message avec dédain, et renvoya le parlementaire sans réponse. « Les souverains chrétiens, dit-il ensuite à ses amis, ne me font ces offres que parce qu'ils sont réduits au désespoir; le silence de leurs batteries prouve assez que leur poudre est épuisée. Ils n'ont plus le moyen de démolir nos murs, et bientôt les pluies d'automne amèneront dans leur camp la famine et les maladies, et les tempêtes disperseront leur flotte. »

Les paroles de Hamet furent écoutées comme un oracle par ses partisans. Quelques habitants paisibles osèrent pourtant le prier d'accepter les conditions qui lui étaient offertes; mais, fier de l'appui de ses Gomères, il menaça de mort tous ceux qui parleraient de capituler. Ces menaces, suivies de quelques exécutions, imposèrent silence aux plus hardis.

Ferdinand, indigné qu'on eût si mal interprété la cessation du feu de ses batteries, ordonna une décharge générale de toute son artillerie. Cette décharge jeta la ville dans une telle confusion, que les habitants ne savaient plus qui ils devaient craindre davantage de leurs ennemis ou de leurs défenseurs.

Sur le soir les souverains visitèrent le quartier du marquis de Cadiz, qui, pour donner à la reine et aux dames de la cour un spectacle qu'elles n'avaient pas encore vu, fit tirer contre les remparts quelques-unes de ses plus grosses pièces. Tout à coup il vit sa propre bannière suspendue à la tour la plus voisine du château de Gibralfaro ; le rouge lui monta au visage, car c'était la bannière qu'il avait perdue dans le massacre des montagnes de Malaga. Cependant il sut maîtriser son dépit, et remit à un autre moment le soin de venger cette audacieuse bravade.

Dès le lendemain matin ses batteries commencèrent contre Gibralfaro un feu terrible, qui se prolongea tout le long du jour; la nuit ne le suspendit point, et il redoubla au lever du soleil. En peu de jours, la tour sur laquelle avait été déployée la bannière fut abattue, ainsi qu'une autre tour toute voisine et plus petite, et une large brèche fut faite dans le mur qui les joignait.

Le marquis avait en conséquence fait approcher ses troupes, lorsque soudain plus de deux mille Maures, profitant de l'épuisement auquel deux nuits de fatigues et de veilles avaient réduit les chrétiens, tombèrent avec fureur sur les avant-postes, tuèrent un grand nombre de guerriers, plongés dans le sommeil, et mirent le reste en fuite.

Alors le marquis s'élança hors de sa tente, suivi de ses porte-étendards : « Retournez, cavaliers, s'écria-t-il, retournez ; je suis là, Ponce de Léon! A l'ennemi! à l'ennemi! »

Les fuyards, reconnaissant sa voix, s'arrêtèrent, et s'étant ralliés sous son drapeau, retournèrent contre les assaillants. Bientôt ils furent secourus par plusieurs chevaliers des quartiers voisins du camp, et une lutte sanglante et opiniâtre s'engagea. La bannière du marquis fut en danger d'être prise ; mais, accompagné des plus braves de sa troupe, il se hâta d'aller lui-même la délivrer. Abrahen-Zenete, qui commandait les Maures, ayant été mis hors de combat, ses soldats furent contraints de plier et de rentrer dans le château.

Les assiégés lancèrent ensuite du haut des remparts une grêle de projectiles. Une flèche traversa le bouclier du marquis, mais sans lui faire aucun mal. Tout le monde finit par reconnaître le danger et l'inutilité de camper si près du château, et ceux qui avaient conseillé ce parti furent les plus ardents à demander qu'on reculât. On reprit donc l'ancienne position, que le marquis n'avait quittée que pour plaire à ses zélés, mais imprudents amis.

Au nombre des chevaliers de distinction qui succombèrent dans cette occasion, se trouvait Ortega de Prado, ce vaillant capitaine des escaladores, que nous avons vu monter le premier à l'assaut à la prise de la citadelle d'Alhama. Il fut sincèrement regretté par le marquis, qui avait su apprécier son mérite.

On fit alors de part et d'autre les plus grands efforts pour soutenir la lutte avec une extrême vigueur. Hamet, après avoir mis l'intérieur de la place dans le meilleur état de défense, fit encore armer six *albatozas*, ou batteries flottantes, pour attaquer les vaisseaux espagnols.

De leur côté, les souverains castillans ouvrirent des communications par mer avec différents ports d'Espagne, d'où ils reçurent toutes sortes d'approvisionnements. Ils firent construire en même temps des tours de bois, capables de contenir chacune cent hommes, et posées sur des roues. Elles étaient munies d'échelles, tant pour monter sur le haut des remparts que pour descendre ensuite dans la ville. On fit aussi des *gallipagos* ou *tortues*, grands boucliers de bois qui devaient servir à protéger les combattants et les mineurs

Pendant que l'artillerie par son feu continuait à distraire l'attention des Maures, on commença plusieurs mines, les unes pour renverser les remparts, les autres pour pénétrer dans l'intérieur de la place.

Hamet ne laissait de repos aux assiégeants ni la nuit ni le jour, de sorte que c'étaient des combats continuels. Les tentes connues sous le nom de *l'Hôpital de la Reine* étaient remplies de blessés, et l'armée entière souffrait des veilles et des fatigues.

Hamet ne tarda pas à découvrir les mines commencées par les chrétiens ; aussitôt il ordonna des contre-mines. Les travailleurs se rencontraient souvent, et se battaient corps à corps dans ces passages souterrains; mais les chrétiens étaient toujours chassés, et leurs travaux détruits. Encouragés par ce succès, les assiégés tentèrent une attaque générale sur toutes les mines et sur la flotte ; après un combat de six heures sur terre et sur mer, sur les remparts et dans les mines, ils furent repoussés et investis de toutes parts de manière à ne pouvoir plus recevoir aucun secours étranger.

La famine se joignit bientôt aux autres maux qui pesaient sur Malaga ; néanmoins nul habitant n'osait manifester sa douleur, de peur d'attirer sur sa tête la colère de l'alcayde. Quelques citoyens s'adressèrent à Ali-Dordux, le célèbre et opulent marchand, qui alors était chargé de garder l'une des portes, et lui proposèrent de traiter secrètement avec les chrétiens, avant qu'il fût trop tard.

Ali, qui n'avait pas oublié les douceurs de la paix dont il jouissait avant d'endosser la cuirasse, se concerta avec les soldats-citoyens qu'il avait sous ses ordres, et ils envoyèrent en commun à Ferdinand un émissaire fidèle pour lui offrir d'introduire les Espagnols dans la ville, pourvu que l'on promît de protéger la vie et les biens des habitants.

L'émissaire était parvenu au camp des chrétiens, et déjà il revenait avec une réponse favorable des souverains catholiques, lorsqu'il fut surpris par une patrouille de Gomères, qui l'arrêtèrent comme un espion. Il réussit pourtant à s'échapper, et quoique blessé d'une flèche dans sa fuite, il arriva au camp espagnol, où il mourut, consolé par la pensée d'avoir sauvé le secret et la vie de ceux qui l'avaient jugé digne de leur confiance.

Quand le peuple de Guadix apprit la détresse de Malaga, il demanda avec instance à être conduit au secours des assiégés, et El Zagal, dont le caractère belliqueux sympathisait d'ailleurs avec le courage de ceux qui faisaient une si vigoureuse résistance, se hâta d'envoyer à Malaga toutes les troupes dont il pouvait disposer.

Boabdil, désirant témoigner sa fidélité aux souverains catholiques, envoya de son côté des forces supérieures pour intercepter ces renforts. Les troupes d'El Zagal furent défaites et s'enfuirent en désordre à Guadix. Peu accoutumé à la victoire, le jeune roi se réjouit de ce chétif triomphe, et pour faire sa cour à Ferdinand et à Isabelle, il leur envoya, avec le rapport de cette affaire, de superbes chevaux arabes et d'autres présents magnifiques.

Boabdil était destiné à être malheureux jusque dans ses victoires. L'avantage qu'il venait de remporter sur les troupes de son oncle, révolta plusieurs de ses partisans, et l'indignation se communiqua à la masse du peuple.

El Zagal, disait-on, était féroce et sanguinaire; mais il soutenait l'honneur de la couronne qu'il avait usurpée. Son sceptre était une verge de fer pour ses sujets ; mais son cimeterre était redouté des ennemis. Boabdil, au contraire, sacrifie sa religion, ses amis, sa patrie à une ombre de royauté, et son sceptre n'est qu'un roseau qui plie et cède à tous les vents.

Ces murmures parvinrent aux oreilles de Boabdil. Craignant quelque nouveau revers de fortune, il réclama l'assistance de Ferdinand, qui lui envoya un corps de mille hommes de cavalerie et de dix mille d'infanterie, sous le commandement de Gonzalve de Cordoue. Fort de ce secours, il chassa tous ceux qui lui étaient contraires ou suspects, et la tranquillité se rétablit de nouveau dans la capitale.

Boabdil n'était pas le seul prince maure qui sollicitât la protection et l'amitié des souverains catholiques. Un jour on vit entrer dans la rade de Malaga une brillante galère, déployant avec le pavillon du croissant le pavillon blanc de la paix. Elle portait un ambassadeur du roi de Tremezan, et des présents semblables à ceux qu'avait envoyés le jeune roi de Grenade.

Le roi de Tremezan, effrayé des conquêtes rapides des Espagnols, demandait à être reconnu vassal de la couronne castillane, et implorait en même temps la clémence de Ferdinand pour la malheureuse ville de Malaga.

Cette ambassade fut gracieusement reçue par les souverains espagnols; ils accordèrent aussitôt au prince africain la protection qu'il sollicitait.

Cependant la famine continuait ses ravages dans la ville de Malaga; les habitants furent réduits à manger leurs chevaux, et il y en eut un grand nombre qui moururent de faim. Hamet, en effet, avait ordonné que tous les grains qui se trouvaient dans la ville fussent rassemblés dans la citadelle et réservés pour les seuls combattants. Encore ceux-ci ne recevaient-ils que quatre onces de pain le matin et deux le soir.

CHAPITRE XXV.

Un santon maure entreprend de délivrer Malaga. — El Zegri est entretenu dans son obstination par les artifices d'un astrologue. — Il fait une sortie contre le camp chrétien.

Dans un hameau des environs de Guadix vivait à cette époque un vieux Maure, appelé Abraham Algerbi, et natif de Guerba, dans le royaume de Tunis. Le soleil brûlant de l'Afrique lui avait desséché le sang et donné un tempérament mélancolique mais exalté. Il prétendait avoir des révélations divines, et les Maures, qui ont une grande vénération pour les enthousiastes de cette espèce, écoutaient ses extravagantes rêveries comme de véritables prophéties, et lui avaient donné le surnom d'*El Santo,* le Saint.

Les maux qui affligeaient le royaume de Grenade avaient depuis longtemps exaspéré l'esprit sombre de cet homme. Il s'était fait un devoir d'implorer les bénédictions d'Allah pour les troupes envoyées de Guadix au secours de Malaga; quand il les vit revenir en désordre, il se renferma dans sa cellule et s'y livra quelque temps à la plus profonde tristesse.

Tout à coup il reparut dans les rues de Guadix; sa figure était bouleversée et pâle, son corps décharné; mais ses yeux noirs brillaient d'un feu qu'on ne leur avait pas encore vu. Il dit qu'Allah lui avait envoyé un ange pour lui révéler le moyen de délivrer Malaga de ses ennemis. Ses paroles furent reçues avec crédulité en enthousiasme, et quatre cents Maures offrirent aussitôt de le suivre.

Ils traversèrent le royaume en suivant les défilés les plus secrets des montagnes, voyageant seulement la nuit et se cachant le jour dans les ravins, et arrivèrent enfin sur les hauteurs qui environnaient la ville assiégée. Algerbi put examiner à son aise les retranchements de l'armée chrétienne, et comme l'emplacement qu'occupait le marquis de Cadiz au pied de la montagne lui paraissait le plus facile à attaquer, le sol pierreux n'ayant pas permis aux chrétiens de s'entourer d'un fossé, il résolut de forcer le camp de ce côté pour se jeter ensuite dans la ville.

La nuit suivante il descendit avec ses compagnons, et s'approcha dans le plus grand silence des ouvrages extérieurs. A peine le jour commença-t-il à paraître qu'il donna le signal de l'attaque. Les Maures s'élancèrent en avant comme des démons : les uns attaquèrent les sentinelles espagnoles à l'improviste; d'autres se jetèrent à la mer pour faire à la nage le tour des retranchements, ou tentèrent de gravir les parapets. Deux cents parvinrent à entrer dans Malaga; presque tout le reste tomba sous le fer des chrétiens.

Le santon ne prit aucune part au combat. Retiré à l'écart et humblement prosterné, il paraissait absorbé dans la prière. Les chrétiens, en poursuivant les fuyards, le trouvèrent dans cet état; mais à leur approche il ne bougea pas plus qu'une statue. On l'arrêta et on le mena auprès du marquis qui l'interrogea.

Algebir répondit qu'il était un saint à qui Allah avait appris les événements qui devaient avoir lieu pendant le siége; et comme le marquis lui demanda quand et comment Malaga devait être pris, il ajouta qu'il lui était défendu de révéler ces secrets à d'autres qu'au roi et à la reine. Le marquis n'était point crédule, mais pensant que cet homme mystérieux pouvait avoir quelque nouvelle importante à communiquer à ses augustes maîtres, il prit le parti de le leur envoyer.

Le roi venait de dîner et faisait la sieste. En attendant son réveil, on conduisit le Maure dans une tente voisine où se trouvaient la marquise de Moya et don Alvaro de Portugal, fils du duc de Bragance, avec deux ou trois courtisans. Le Maure qui ne connaissait pas la langue espagnole, jugea par la magnificence de l'ameublement que c'était la tente du roi, et le respect qu'il voyait témoigner à don Alvaro et à la marquise, lui firent croire qu'il était en présence des souverains castillans.

Il demanda alors de l'eau pour se désaltérer. Au moment où il ouvrait son manteau pour prendre de la main gauche le vase qu'on venait de lui apporter; il saisit avec la droite son cimeterre qu'il tenait caché sous ses vêtements, et l'ayant tiré, il en porta un coup si violent au duc, qu'il le renversa presque mort. Il voulut aussi frapper la marquise; mais la colère et la précipitation égarant sa main, son cimeterre s'embarrassa dans les tentures, et n'atteignit que quelques ornements de la coiffure de cette dame.

Les gardes se jetèrent sur lui et le massacrèrent. Son corps mutilé fut emporté et jeté ensuite dans la ville au moyen d'une catapulte. Les Gomères le reçurent avec un profond respect, et après l'avoir lavé et parfumé, ils l'ensevelirent avec de grandes lamentations. Par représailles ils immolèrent un des principaux prisonniers chrétiens, et ayant attaché son corps sur un âne, ils l'envoyèrent au camp espagnol.

Pour calmer toutes les craintes que cet acte de trahison éveilla dans le cœur des chrétiens, on doubla la garde du roi et de la reine, et on ordonna à tous les Mudexares de quitter le camp.

A peine les restes d'Algebir furent-ils ensevelis,

qu'un des compagnons de cet enthousiaste, qui était parvenu à pénétrer dans la ville, se prétendit aussi inspiré. Il déploya une bannière blanche qu'il assurait être sacrée, et dit que sous cette bannière les Maures mettraient les chrétiens en fuite, et s'empareraient des provisions dont abondait le camp des assiégeants.

Les Maures, aussi crédules qu'affamés, demandèrent aussitôt à être menés à l'ennemi ; mais le derviche leur dit que le temps n'était pas encore venu. Hamet le prit ensuite avec lui dans son château de Gibralfaro, et fit arborer sa bannière blanche sur la tour la plus élevée pour encourager le peuple à la résignation et à l'espérance.

Pendant ce temps, de nouvelles troupes arrivaient au camp espagnol pour relever celles qui avaient commencé le siége, et dont les forces étaient épuisées.

Un matin on vit la mer couverte d'une centaine de vaisseaux et de galères qui s'avançaient vers le port, et en même temps le bruit du tambour et le son des trompettes annonçaient l'arrivée par terre d'un grand corps de troupes. Ces renforts étaient amenés par le duc de Medina-Sidonia ; il venait comme volontaire se placer sous l'étendard royal, et apportait en outre avec lui un prêt de vingt mille doublons d'or.

Isabelle voyant l'armée ainsi augmentée et voulant prévenir les malheurs qui menaçaient Malaga, fit encore proposer aux habitants de capituler. Hamet rejeta de nouveau toutes les conditions; il comptait sur la force de ses murs et sur les rigueurs de la saison qui approchait et qui pourrait forcer les Espagnols à lever le siége. On dit même que lui et ses soldats ajoutaient une foi entière aux prédictions du derviche.

Les chrétiens poussèrent donc leurs travaux plus près des remparts, afin d'arriver à un endroit, d'où ils pussent tenter un assaut général. Vers la barrière de la ville était un pont de quatre arches, défendu à chaque extrémité par une tour forte et élevée, et qu'il fallait traverser. Le commandant en chef de l'artillerie, Francisco Ramirez de Madrid fut chargé de s'en emparer.

Il pratiqua en conséquence une galerie souterraine qui le conduisit au pied de la première tour. Là, il plaça sous les fondations un canon de gros calibre, entièrement chargé, et la bouche tournée en haut, une longue traînée de poudre devait y mettre le feu au moment nécessaire.

Ensuite Ramirez s'avança lentement avec ses troupes vers le pont, élevant des retranchements à chaque pas, et arriva ainsi près de la tour sur laquelle il commença à tirer. Les ennemis ripostèrent; mais au plus fort du combat, le canon placé sous les murs tonna sourdement; la terre s'entr'ouvrit, une partie de la tour fut renversée et ensevelit dans sa chute un grand nombre de ses défenseurs. Le reste s'enfuit terrifié.

Les chrétiens se portèrent en avant, s'emparèrent du poste que les ennemis venaient d'abandonner, et commencèrent aussitôt l'attaque contre la seconde tour. Ramirez élevait des retranchements à mesure qu'il avançait; après une lutte sanglante, ses soldats restèrent entièrement maîtres de ce passage important. En récompense de son courage et de son ingénieuse invention, car c'était la première fois qu'on se servait de poudre dans une mine, le roi conféra plus tard à Ramirez l'ordre de la chevalerie dans la tour même qu'il avait emportée si glorieusement.

Tandis que le derviche trompait la garnison de Malaga par de vaines espérances, la famine augmentait de jour en jour d'une manière effrayante. Les Gomères parcouraient la ville comme si elle eût été une place conquise, forçant et fouillant toutes les maisons où ils croyaient trouver des provisions.

Les malheureux habitants n'avaient plus de pain à manger; la chair de cheval commençait aussi à leur manquer, et ils se virent forcés de dévorer des peaux et du cuir grillé. Pour apaiser la faim de leurs enfants, ils leur donnaient des feuilles de vigne frites dans l'huile. Un grand nombre périrent, d'autres se réfugièrent dans le camp chrétien, préférant l'esclavage aux horreurs de la famine.

Enfin les souffrances des habitants l'emportèrent sur la crainte que leur inspirait Hamet. Ils s'adressèrent de nouveau à Ali-Dordux, et le pressèrent d'intercéder pour eux auprès de l'Alcayde. Ali ne manquait pas de courage. Armé de pied en cap et suivi d'un alfaqui et de plusieurs de ses confrères, il monta à la forteresse de Gibralfaro.

Ils trouvèrent Hamet, non plus entouré de ses féroces Gomères, mais devant une table sur laquelle étaient tracés des caractères magiques. A côté de lui se tenait le derviche qui paraissait lui en donner l'explication. La présence de ce dernier remplit de terreur les citoyens, car Ali-Dordux lui-même le considérait comme un homme inspiré. L'alfaqui prit alors la parole, et s'adressant à Hamet d'une voix solennelle.

— Nous te supplions au nom du Dieu tout-puissant, dit-il, de ne pas persister dans une vaine résistance qui ne peut finir que par notre destruction. Nos femmes et nos enfants nous demandent à grands cris du pain, et nous n'en avons point à leur donner; nous les voyons expirer devant nous dans une lente agonie, tandis que nos ennemis se rient de notre détresse. Nos remparts sont-ils plus forts que ceux de Ronda? nos guerriers plus braves que ceux qui défendaient Loxa?

Les remparts de Ronda ont été renversés, et les défenseurs de Loxa ont été forcés de se rendre. D'où recevrions-nous des secours? Grenade a perdu sa puissance; elle n'a plus de chevalerie, elle n'a plus de roi. Boabdil n'est plus dans l'Alhambra que le vassal des monarques chrétiens; El Zagal est un fugitif dans les murs de Guadix. Nous te conjurons donc, au nom d'Allah, de ne pas être notre plus cruel ennemi, et de rendre ces ruines, seuls restes de notre ville jadis si heureuse, afin de la délivrer des malheurs qui la menacent encore.

Par respect pour la sainteté de ses fonctions, El Zegri avait écouté l'Alfaqui sans colère, il répondit :

— Encore quelques jours de patience; l'époque de notre délivrance approche. Il est écrit dans le livre de la destinée que nous devons faire une sortie, détruire le camp des mécréants, et nous rassasier à ces énormes amas de grains qui leur sont destinés. Voilà ce qu'Allah a promis par la bouche de son prophète que vous voyez ici devant vous. Allah Achbar! Que personne ne s'oppose aux décrets du ciel!

Ali-Dordux et les autres députés s'humilièrent devant le saint homme, et retournant auprès de leurs concitoyens, ils les exhortèrent à prendre courage. « Quand la bannière blanche aura été enlevée de la tour, vos souffrances seront terminées! »

Les habitants se retirèrent dans leurs maisons le cœur triste et abattu; ils ne cessèrent depuis lors de lever leurs regards inquiets vers la tour de Gibralfaro où flottait toujours la bannière blanche.

Hamet tenait un jour conseil avec ses officiers, lorsque le derviche entra dans la salle : « L'heure de la victoire est arrivée! s'écria-t-il, Allah vous ordonne de sortir demain pour combattre. Je porterai moi-même devant vous la bannière sacrée, et je livrerai vos ennemis entre vos mains. »

Le lendemain matin la bannière avait disparu de la tour. El Zegri descendit de son château, suivi d'Abraben Zenète, son premier capitaine, et de ses Gomères, et précédé du derviche qui portait la bannière blanche. La multitude se prosterna avec respect devant ce gage sacré de la victoire, et reçut l'alcayde lui-même avec des acclamations. Tous les cœurs étaient partagés entre la crainte et l'espérance; les vieillards, les femmes et les enfants montèrent sur les tours, sur les remparts et sur les toits pour être témoins du combat qui devait décider de leur sort.

Avant de sortir de la ville, le derviche harangua les troupes, en leur rappelant la sainteté de leur entreprise. Elles devaient s'avancer avec courage et ne faire aucun quartier. On ouvrit ensuite les portes, et le derviche sortit suivi de l'armée. Ils dirigèrent leur attaque contre les quartiers du maître de Saint-Iago et du maître de Calatrava, et tuèrent ou blessèrent un grand nombre de gardes.

Abrahen Zenete, étant entré dans une tente, y trouva quelques enfants chrétiens qui venaient de se réveiller. Ému de pitié, il les toucha du plat de son épée et leur dit : « Allez enfants, retournez auprès de vos mères. »

Le fanatique derviche lui reprocha sa clémence. « Je ne les ai pas tués, répliqua Zenete, parce que je ne leur ai point vu de barbe au menton. »

L'alarme fut donnée dans le camp, et les chrétiens accoururent de tous côtés pour défendre les retranchements. Hamet, furieux de rencontrer de la résistance là où il espérait trouver une victoire facile, ramena plusieurs fois ses troupes à la charge, mais il fut toujours repoussé. Les Maures, exposés à tout le feu des Espagnols, qui tiraient sur eux du haut de leurs retranchements, mais aveuglés par les prédictions de leur prophète, combattirent avec la fureur des fanatiques, et eurent bientôt rempli les fossés de leurs cadavres.

Hamet écumait de rage et grinçait des dents, en voyant un si grand nombre de ses braves guerriers tomber autour de lui. Cependant il continuait d'animer ses troupes. Le derviche aussi parcourait les rangs, comme un insensé, excitant les Maures par des rugissements plutôt que par des cris. Au milieu de ses efforts, une pierre l'atteignit à la tête, et le guérit pour toujours de son frénétique délire.

Quand les Maures virent leur prophète étendu sans vie, et la bannière qu'il portait renversée dans la poussière, ils perdirent tout espoir, et s'enfuirent en désordre vers la ville. Hamet tenta de les rallier; mais il était lui-même confondu de la mort du derviche, et il rentra lentement dans la place.

Les habitants de Malaga avaient vu du haut de leurs remparts les sentinelles chrétiennes tomber sous les coups des assaillants, et ils s'étaient écriés : « Allah nous a donné la victoire! » Mais leur joie se changea en crainte quand leurs troupes furent repoussées et plusieurs de leurs guerriers les plus distingués mis hors de combat. Lorsqu'enfin l'étendard sacré tomba, et que les troupes commencèrent à fuir, ils s'abandonnèrent au désespoir.

Hamet fut reçu dans la ville au milieu des plus bruyantes lamentations. Des mères, dont les fils venaient d'être tués, le chargeaient de malédictions; d'autres, exaspérées par la douleur, jetaient devant lui leurs enfants mourants de faim, et criaient : « Foule-les aux pieds de ton cheval; nous n'avons plus de nourriture à leur donner, et nous ne pouvons plus entendre leurs gémissements. »

La partie guerrière de la population se joignit aux plaintes et aux imprécations du peuple, et Hamet, qui avait perdu tout son ascendant militaire, en perdant la plupart de ses officiers et de ses soldats, abandonna la ville à elle-même, et remonta, avec le reste de ses Gomères, dans le château de Gibralfaro.

CHAPITRE XXVI.

Les habitants de Malaga demandent à capituler. — Sort de Hamet El Zegri. — Entrée des souverains dans Malaga.

Les habitants de Malaga, délivrés de Hamet, se tournèrent vers Ali-Dordux, et lui confièrent le sort de la ville. Celui-ci avait déjà gagné les alcaydes du *château des Génois* et de la citadelle; il s'adjoignit encore quelques-uns des principaux citoyens, et cette junte provisoire envoya aussitôt des hérauts aux souverains chrétiens. On offrait de rendre la ville à condition que les personnes et les biens des habitants seraient protégés, et qu'on leur permettrait de résider, comme mudexares, soit à Malaga, soit partout ailleurs.

Quand ces hérauts se présentèrent au camp, la colère de Ferdinand éclata : « Retournez auprès de vos concitoyens, dit-il, annoncez-leur que les jours de clémence sont passés. Ils ont persisté dans une défense inutile, jusqu'à ce que la nécessité les contraignît à capituler. Il faut maintenant qu'ils se rendent sans conditions, et qu'ils subissent le sort des vaincus. »

Cette réponse jeta le peuple dans la consternation. Ali-Dordux chercha à le consoler, et voulut aller lui-même au camp solliciter quelques conditions favorables. Ferdinand refusa de le recevoir, lui et ses collègues. « Qu'ils retournent dans leur ville ! s'écria-t-il, je ne veux point les voir. » Ils se rendront à discrétion, comme il convient à des vaincus *.

Ali et ses collègues revinrent désespérés, et la réponse qu'ils apportaient augmenta encore l'effroi de la population. Les guerriers qui étaient dans la ville voulurent aussi envoyer à leur tour une députation aux souverains castillans ; ils menacèrent de pendre sur les remparts quinze cents prisonniers chrétiens, d'enfermer dans la citadelle les femmes, les enfants et les vieillards, et après avoir mis le feu à la ville, de sortir l'épée à la main, pour combattre jusqu'au dernier soupir.

Cependant de vives discussions avaient lieu dans le camp des chrétiens. Plusieurs chevaliers prétendaient qu'il fallait faire à Malaga un grand exemple, et passer tous les habitants au fil de l'é-

* Cette extrême rigueur trouvera probablement parmi nos lecteurs peu d'apologistes. On peut en effet reprocher à Ferdinand d'avoir confondu un peuple égaré par la douleur et le fanatisme avec ses odieux oppresseurs, Hamet et les Gomères. Eux seuls avaient forcé les habitants à cette longue et inutile résistance qui exaspéra à tel point le monarque espagnol.

NOTE DU TRADUCTEUR.

pée. Le cœur sensible d'Isabelle fut révolté de ce conseil sanguinaire. Elle insista pour que le triomphe de l'armée ne fût pas souillé par la cruauté; mais elle ne put fléchir le courroux du roi, qui exigeait que la ville se rendît sans conditions.

Les assiégés, n'écoutant plus que la voix du désespoir, allaient se livrer aux plus violents excès, lorsqu'Ali-Dordux, s'adressant aux principaux d'entre eux, leur dit : « Que ceux qui vivent de l'épée meurent par l'épée. Qui sait si la vue de nos femmes, de nos filles et de nos malheureux enfants ne réveillera pas la pitié dans le cœur des souverains chrétiens? La reine, dit-on, est humaine et généreuse. »

Ces paroles persuadèrent les citoyens, et ils autorisèrent Ali à remettre la ville à la merci du roi espagnol.

Le marchand eut plusieurs audiences de Ferdinand et d'Isabelle, et peu à peu il gagna leurs bonnes grâces. Ils lui accordèrent leur protection, ainsi qu'à une quarantaine de familles, qui, depuis le commencement du siége, avaient désiré, comme lui, qu'on rendît la ville. Il leur fut permis de rester à Malaga, comme mudexares. Après ces arrangements, Ali remit vingt des principaux habitants comme otages, jusqu'à ce que tous les postes de la ville fussent livrés aux chrétiens.

Don Gutière de Cardenas entra alors dans la ville, armé de pied en cap, et en prit possession au nom des souverains castillans. Il était suivi des capitaines et des chevaliers de l'armée, et bientôt les étendards de la croix et de Saint-Iago parurent arborés sur la principale tour de l'Alcazaba. On chanta dans le camp le *Te Deum* et d'autres cantiques d'actions de grâces.

A peine la ville était-elle remise aux vainqueurs, que les infortunés habitants implorèrent la permission d'acheter pour eux et pour leurs enfants une partie des grains amassés dans le camp, et qu'ils avaient si souvent contemplés avec envie. Leur demande leur ayant été accordée, ils accoururent au camp avec l'avide empressement d'une troupe d'affamés.

C'est ainsi que Dieu permet quelquefois que les prédictions des faux prophètes s'accomplissent, mais toujours à la confusion de ceux qui ont la faiblesse d'y croire. Le nécromancien maure avait annoncé aux habitants qu'ils mangeraient ces grains qu'ils enviaient; mais ils en mangèrent dans l'humiliation et la douleur de la défaite.

Le farouche orgueil de Hamet El Zegri se révolta à l'aspect de l'étendard de la croix qui avait remplacé sur la citadelle celui du croissant.

« Le peuple de Malaga, dit-il, s'est fié à un marchand, et celui-ci l'a vendu. Ne souffrons pas qu'on nous livre pieds et poings liés, comme compris dans le marché. Nous avons encore de fortes murailles autour de nous, et des armes fidèles dans les mains. Combattons jusqu'à ce que nous soyons ensevelis sous les ruines de la dernière tour de Gibralfaro, ou portons le carnage au milieu des infidèles qui remplissent les murs de Malaga. »

Mais la famine avait abattu le courage des Gomères ; ils demandèrent tous à se rendre.

Espérant que la vigueur avec laquelle il s'était défendu jusqu'alors, lui vaudrait le respect d'un ennemi chevaleresque, il envoya un héraut à Ferdinand ; il offrait de livrer le château, mais il demandait un traité séparé. Le roi lui fit répondre qu'il ne lui accorderait d'autres conditions que celles qui avaient été accordées à la ville.

El Zegri hésita pendant deux jours ; à la fin les clameurs de ses soldats le forcèrent à se rendre. Ils furenttous condamnés à l'esclavage, excepté Abrahen Zenete, dont les vainqueurs se rappelaient le bel acte de générosité lors de la dernière sortie.

On demanda à Hamet ce qui l'avait poussé à une défense si opiniâtre. « En prenant le commandement, dit-il, j'avais juré de combattre jusqu'à la mort pour la défense de ma religion, de ma patrie et de mon prince. Si mes guerriers m'avaient soutenu, je n'aurais point encore déposé les armes. «

Ferdinand, pour punir le féroce alcayde de son opiniâtreté à défendre une cause désespérée, le fit charger de chaînes et enfermer dans un donjon.

Un des premiers soins des vainqueurs, en entrant dans Malaga, fut de chercher les captifs chrétiens. On en trouva près de seize cents, parmi lesquels il y avait plusieurs personnes de distinction.

Des préparatifs furent faits pour célébrer leur délivrance comme un triomphe chrétien. On dressa près de la ville une tente ornée d'un autel et de toutes les décorations d'une chapelle. Ce fut là que le roi et la reine voulurent attendre les captifs. Ceux-ci s'avancèrent en procession. Plusieurs d'entre eux portaient encore leurs chaînes. Leurs cheveux et leur barbe étaient en désordre, et leurs visages pâles et défaits. Quand ils se virent rendus à la liberté et entourés de leurs compatriotes, ils pleurèrent de joie, et leurs larmes provoquèrent celles de tous ceux qui étaient témoins de cette scène touchante.

La procession fut reçue à la porte dite *de Grenade*, par une foule nombreuse qui était venue du camp à sa rencontre avec des croix et des bannières. Arrivés en présence du roi et de la reine, ils se jetèrent à leurs genoux, et voulurent leur baiser les pieds; mais les souverains s'y refusèrent, et leur tendirent gracieusement la main.

Les captifs se prosternèrent ensuite devant l'autel, et leurs libérateurs se joignirent à eux pour remercier le ciel de leur délivrance. On leur ôta leurs chaînes, et quand ils furent restaurés, ils reprirent gaiement la route de leurs foyers, munis d'argent et de toutes les choses nécessaires pour le voyage.

Après que la ville eut été purifiée, les évêques et le reste du clergé, qui accompagnaient la cour, se rendirent en procession à la principale mosquée, qui fut consacrée au culte chrétien, sous le nom de *Sainte-Marie-de-l'Incarnation*. Le roi, la reine et les principaux nobles et chevaliers de l'armée assistèrent ensuite à une messe solennelle célébrée dans la nouvelle église. Cette église fut depuis élevée au rang de cathédrale, et Malaga devint le siége d'un évêché. La reine fixa sa résidence dans l'Alcazaba, et le roi au château de Gibralfaro.

En quittant leurs maisons, ceux des habitants, que les lois de la guerre admises à cette époque condamnaient à l'esclavage se frappaient la poitrine, se tordaient les mains, et s'écriaient d'une voix déchirante, en levant vers le ciel leurs yeux pleins de larmes :

— O Malaga ! célèbre et belle cité ! où est maintenant la grandeur de tes tours, la force de tes remparts ? Ils n'ont pu protéger tes enfants. Ils sont chassés de leurs demeures et condamnés à gémir en esclavage sur une terre étrangère. Que deviendront les vieillards quand leurs cheveux blancs seront insultés? et tes vierges, élevées si délicatement et avec tant de tendresse, que deviendront-elles sous le joug d'une dure servitude? Nos familles, jadis si heureuses, sont maintenant dispersées pour ne plus se réunir! O Malaga! ô chère patrie! qui peut contempler ta désolation et ne pas verser des pleurs!

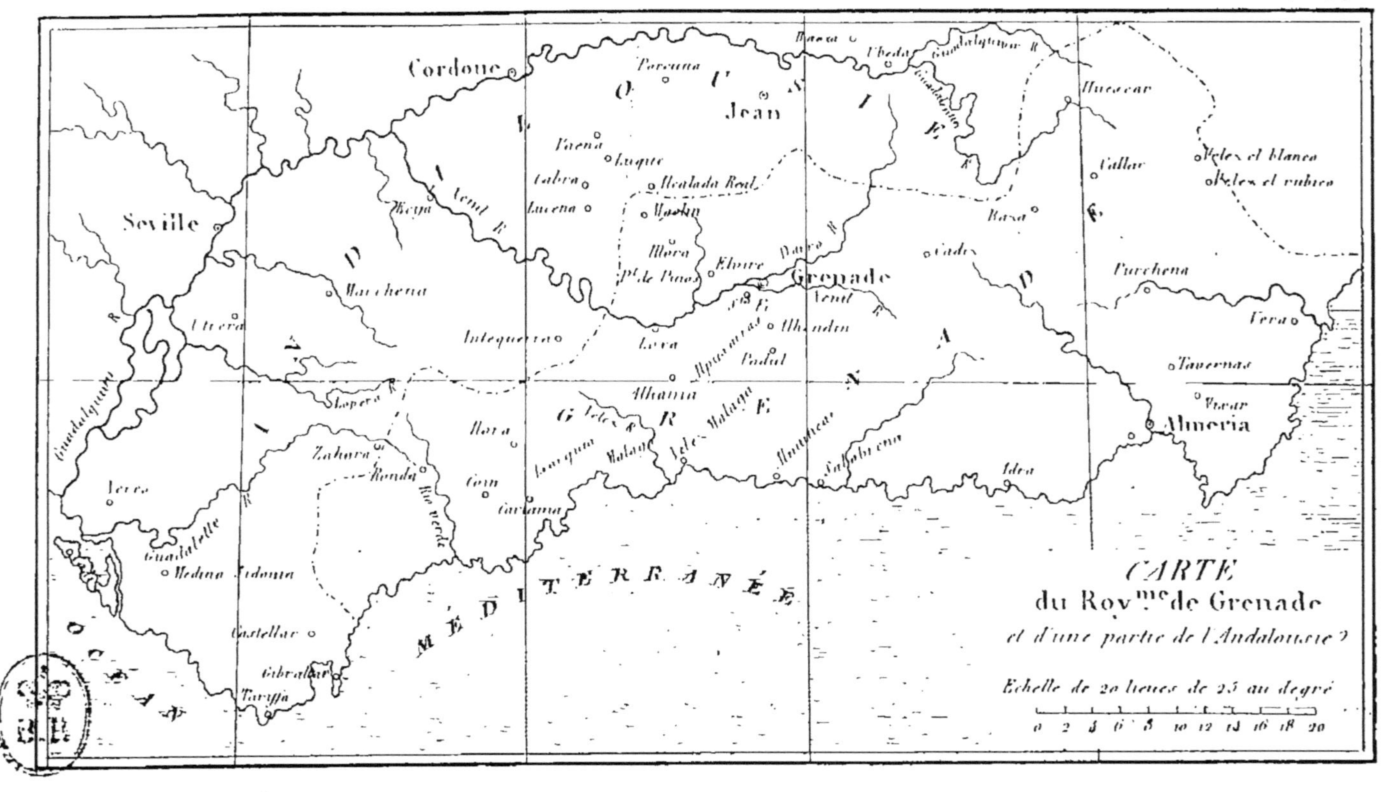
CARTE
du Roy.me de Grenade
et d'une partie de l'Andalousie ?
Echelle de 20 lieues de 25 au degré
0 2 4 6 8 10 12 14 16 18 20
Cordoue
Seville
Jean
Grenade
Almeria
Ubeda
Porcuna
Baena
Lucena
Cabra
Luque
Alcalada Real
Moclin
Mora
Pt. de Pinos
Elvire
Marchena
Utrera
Lora
Alhama
Padul
Alhendin
Velez Malaga
Malaga
Ronda
Zahara
Rio verde
Coin
Cartama
Medina Sidonia
Castellar
Gibraltar
Tariffa
Guadalete
Guadalquivir
Guadix
Baza
Huescar
Callar
Velez el blanco
Velez el rubico
Purchena
Vera
Tavernas
Adra
Salobrena
G R E N A D E
O C É A N
M É D I T E R R A N É E

CHAPITRE XXVII.

Ferdinand envahit la partie orientale du royaume de Grenade.

La prise de Malaga avait réuni toute la partie occidentale du royaume de Grenade sous la domination des chrétiens. Les féroces habitants de la serrania de Ronda et des autres places de la frontière étaient désarmés et réduits au vasselage. Sur leurs forteresses orgueilleuses, qui avaient si longtemps répandu la terreur dans l'Andalousie, se déployait maintenant l'étendard de Castille et de Léon, et, au milieu de leurs tours démantelées ou occupées par des troupes chrétiennes, s'élevaient de pieux monastères, dont les cloches appelaient les fidèles à la prière. Le centre du royaume, c'est-à-dire Grenade et ses environs, continuait d'être tenu en fief de la couronne de Castille, par Boabdil el Chico.

Ce malheureux prince ne perdait aucune occasion de se concilier les bonnes grâces des vainqueurs. Aussitôt qu'il eut appris la reddition de Malaga, il envoya complimenter les souverains catholiques. Mais le peuple de Grenade, tout en se réjouissant de voir ses champs couverts de moissons et ses marchés fréquentés, méprisait en secret la politique qui lui avait procuré ces avantages, et regardait Boabdil comme un apostat et un infidèle.

Muley Abdallah El Zagal était alors le seul espoir de la partie non conquise du royaume. On louait encore sa valeur et sa fidélité à la religion, et l'on faisait des vœux pour le succès de ses armes.

Quoique El Zagal ne fût plus assis sur le trône de l'Alhambra, il lui restait encore un pays plus vaste qu'à son neveu. Ses états s'étendaient le long de la Murcie depuis les frontières de Jaën jusqu'à la Méditerranée et jusqu'au centre du royaume. Au nord-est il tenait les villes de Baza et de Guadix situées dans des contrées fertiles, et il était maître du port important d'Almeria, qui rivalisait autrefois avec Grenade. En outre il possédait une grande partie des montagnes d'Alpuxarra qui traversaient le royaume. Cette région montagneuse, couverte de vignobles et de pâturages et abondante en mines de divers métaux, avait toujours été la principale source des revenus des rois de Grenade. D'ailleurs ses habitants se distinguaient par leur bravoure, et pouvaient au premier appel du monarque fournir une armée de soixante mille hommes.

Tels étaient les riches mais sauvages débris de l'empire qu'El Zagal avait conservés. Les barrières des montagnes entre lesquelles le pays était resserré, l'avaient protégé jusqu'alors contre les ravages de la guerre, et El Zagal résolut de faire tous ses efforts pour s'en assurer la position. Pour cela il lui fallait d'abord augmenter sa popularité, en faisant quelque heureuse incursion sur le territoire chrétien.

A cette époque, une imprévoyante sécurité régnait sur la frontière de Jaën. Les alcaydes des forteresses chrétiennes se confiaient dans l'amitié de Boabdil et croyaient son oncle trop loin et trop occupé de ses propres embarras pour songer à venir les attaquer. Tout à coup El Zagal sortit de Guadix, et traversant rapidement les montagnes, qui s'étendent derrière Grenade, il tomba comme la foudre sur le territoire des environs d'Alcala-la-Real.

Avant que l'alarme pût se répandre, il ravagea tout le pays, saccageant et brûlant les villages enlevant les troupeaux et emmenant un grand nombre de captifs. Les guerriers de la frontière se réunirent ; mais El Zagal avait déjà disparu ; il rentra triomphant et chargé de butin dans les murs de Guadix.

Le roi Ferdinand rassembla son armée à Murcy dans le printemps de l'an 1488. Il quitta cette ville le 5 juin avec un camp volant de quatre mille cavaliers et de quatorze mille fantassins. Le marquis de Cadiz commandait l'avant-garde. L'armée entra sur le territoire des Maures par les côtes de la mer , répandant partout l'effroi. A son approche les villes se rendaient sans coup férir, et ce fut ainsi qu'à la première sommation, Vera, Velez-el-Blanco, Velez-el-Rubico et soixante autres villes d'un rang inférieur ouvrirent leurs portes aux chrétiens.

L'armée ne trouva de résistance que devant Almeria. Cette ville importante était sous le commandement du prince Zelim, parent d'El Zagal. Zelim mena ses Maures à la rencontre de l'ennemi, et harcela vivement leur avant-garde dans les jardins qui entouraient la ville. Ferdinand , ne se croyant pas assez fort pour le moment , rappela ses troupes et se retira avec elles du côté de Baza.

El Zagal qui était parvenu à se jeter dans cette ville avec une puissante garnison, se réjouit en apprenant l'approche du roi chrétien.

Dans la vallée en face de Baza s'étendait une longue suite de jardins coupés de canaux et de ruisseaux. El Zagal y plaça en embuscade une troupe nombreuse d'arquebusiers et d'arbalétriers. L'avant-garde de l'armée chrétienne s'avançait gaiement dans la vallée au son des tambours et des trompettes. Quand ils approchèrent, El Zagal sortit avec de la cavalerie et de l'infanterie , et après avoir d'abord attaqué vigoureusement les chrétiens, il céda peu à peu et les attira dans les jardins.

Les Maures, cachés en embuscade, se montrèrent alors et commencèrent un feu si terrible sur le flanc et sur les derrières des Espagnols qu'il y en eut beaucoup de tués et que le reste fut mis en désordre.

Ferdinand voulut retirer son avant-garde; mais El Zagal avait appelé des troupes fraîches, et tombant sur l'ennemi il le poussa devant lui en faisant un effroyable carnage. Le cri *El Zagal!* poussé par les Maures fut répété avec transport du haut des murs de la ville.

Les chrétiens étaient sur le point d'être mis dans une déroute complète, lorsque l'adelantado de Murcie se jeta avec un corps de troupes audevant de l'ennemi et leur donna ainsi le temps de se rallier. Les Maures furent attaqués à leur tour et obligés de battre en retraite.

Plusieurs vaillants chevaliers périrent dans cette affaire, entre autres don Philippe d'Aragon, maître de la chevalerie de Saint-Georges de Montesor.

Ferdinand se retira sur les bords de la rivière voisine, le Guadalentin. Il reconnut qu'El Zagal ne pouvait être délogé de Baza que par une puissante armée et de fortes batteries de siége. En attendant qu'il pût prendre sa revanche, il ordonna toutes les mesures nécessaires pour la sûreté des places qu'il avait conquises dans cette campagne, licencia ses troupes et entreprit lui-même un pèlerinage à la croix de Caravaca, pour appeler sur ses armes la bénédiction du ciel.

El Zagal n'eut pas plutôt vu l'armée licenciée qu'il alla porter le fer et la flamme dans toute la partie du pays qui s'était soumise au joug espagnol. Le château de Nixar fut enlevé par surprise et la garnison passée au fil de l'épée. Le vieux guerrier parcourait les frontières et massacrait tous les chrétiens qui n'étaient pas sur leurs gardes.

L'alcayde de la forteresse de Callar, se fiant à la solidité de ses remparts et à la force de sa position au sommet d'une haute colline entourée de précipices, s'était absenté lorsque le vigilant El Zagal parut soudain avec de nombreuses troupes.

Le Maure pénétra dans la ville, l'épée à la main et repoussa les chrétiens jusque dans la citadelle. Alors un vieux capitaine, Juan de Avalos, prit le commandement et fit une défense si opiniâtre que ni la multitude des ennemis, ni la violence de leurs attaques, quoique conduites par El Zagal lui-même, ne purent l'ébranler.

Les assiégeants ayant miné les remparts extérieurs, parvinrent dans la première cour. Assaillis d'une grêle de traits et de pierres et arrosés de poix bouillante, ils furent obligés de reculer. Ils revinrent à la charge avec de nouveaux renforts, et le combat se prolongea pendant cinq jours avec autant d'acharnement d'une part que de courage de l'autre. Cependant les chrétiens étaient aux abois; les paroles de leur vieux chef et la crainte de tomber entre les mains de leur farouche ennemi les soutenaient encore, lorsqu'ils furent heureusement délivrés. Un puissant renfort leur fut amené par Puerto Carrero, et El Zagal, après avoir mis le feu à la ville, rentra dans Guadix.

Les Maures d'Almeria, de Tavernas et de Purchena firent aussi des incursions en Murcie, et ravagèrent ces belles contrées, tandis que sur la frontière opposée, au milieu de la Sierra Bermeja (les montagnes rouges), d'autres Maures qui s'étaient soumis dernièrement reprenaient les armes.

Cependant un vaste nuage noir s'étendit sur le pays; il y eut de terribles ouragans et des tremblements de terre. Des maisons et des remparts furent renversés, et des vaisseaux jetés sur la côte ou engloutis. Une pluie continuelle inonda une grande partie des royaumes de Castille et d'Aragon et fit les plus grands ravages.

CHAPITRE XXVIII.

Ferdinand se prépare à mettre le siége devant Baza. — Bataille dans les jardins de cette ville.

L'orageux hiver touchait à sa fin, et le printemps de l'année 1489 trouva encore les routes impraticables et les rivières profondes et dangereuses.

Les troupes chrétiennes avaient reçu l'ordre de se rassembler au commencement de la belle saison sur les frontières de Jaën; mais les difficultés des chemins les arrêtèrent longtemps dans leur marche; ce ne fut qu'à la fin du mois de mai qu'une superbe armée de treize mille hommes de cavalerie et de quarante mille hommes d'infanterie, put passer la frontière.

La reine resta à Jaën avec le prince royal et les princesses ses enfants, le cardinal d'Espagne et les autres prélats qui assistaient à ses conseils. Le projet de Ferdinand était de s'emparer d'abord de Baza, dont la prise entraînerait plus tard celle de Guadix et d'Almeria, et ainsi ruinerait entièrement la puissance d'El Zagal.

Tandis que le roi catholique s'assurait des forteresses voisines de Baza qui auraient pu inquiéter son armée, El Zagal faisait tous les préparatifs d'une vigoureuse défense. Il sentait que dans la campagne qui allait s'ouvrir le sort des armes devait décider s'il resterait roi, ou s'il tomberait au rang de vassal.

El Zagal était à Guadix, à quelques lieues seulement de Baza. Pourtant il n'osa aller lui-même au secours de cette dernière ville, craignant que Boabdil ne l'attaquât par derrière, en même temps que l'armée chrétienne l'attaquerait en front. Guadix était d'ailleurs entre ses états et ceux de son neveu une espèce de boulevart qu'il ne pouvait se résigner à abandonner.

Il envoya donc à Baza toutes les troupes dont il pouvait se passer à Guadix, et fit un appel général à ses sujets, les exhortant à venir défendre leurs foyers, leur liberté et leur religion.

Les villes de Tavernas et de Purchena ainsi que les forteresses des rochers des Alpuxerras retentirent du bruit des armes, et bientôt on vit arriver de tous côtés des troupes nombreuses et fidèles. Mais le guerrier sur le dévouement et sur la bravoure duquel El Zagal comptait le plus, c'était son cousin et son beau-frère Cidi Yahye Alnazar Alben Zelim, alcayde d'Almeria. Il lui écrivit de quitter son poste et de se rendre à Baza avec ses troupes.

Cidi Yahye partit sur-le-champ à la tête de dix

mille des plus braves Maures du royaume. C'étaient presque tous de hardis montagnards, habitués à toutes les intempéries des saisons, éprouvés par maints combats. Impétueux dans leurs attaques, ils s'arrêtaient au milieu de leur course au moindre signal de leur chef; ils tombaient sur l'ennemi comme un ouragan, et après avoir répandu autour d'eux le carnage, ils disparaissaient en un instant, ne laissant derrière eux qu'un nuage de poussière.

Grâce à tous ces renforts, la garnison de Baza se monta à plus de vingt mille hommes. Parmi les chefs qui la commandaient se trouvait Mohamed-Ben-Hassan, surnommé le *Vétéran*, alcayde de la place, vieillard d'une grande expérience et d'une prudence consommée. Cidi Yahye avait le commandement suprême. Il était ardent et éloquent dans le conseil; il aimait les actions d'éclat, les brillantes entreprises; mais son imagination l'emportait souvent trop loin, et l'on suivait de préférence les avis du vieux Mohamed-Ben-Hassan, que Cidi Yahye lui-même écoutait avec respect.

La ville de Baza était située dans une vallée de huit lieues de long sur trois de large, qu'on appelait la *Hoya* ou *bassin* de Baza. Un côté était protégé par les rochers des montagnes environnantes et par une forte citadelle, l'autre par des remparts massifs et des tours.

En avant des faubourgs s'étendaient, à la distance d'une lieue, des vergers et des jardins couverts d'arbres si serrés les uns contre les autres qu'on eût dit une grande forêt. Ces jardins étaient arrosés par des canaux et renfermaient plus d'un millier de petites tours, où les habitants aisés venaient jouir de la vue de leurs superbes plantations.

Pendant que les postes des frontières retardaient la marche de l'armée chrétienne, les habitants de Baza avaient recueilli à la hâte tous les grains, quoique non encore mûrs, et les avaient portés dans la ville, de crainte qu'ils ne tombassent entre les mains de l'ennemi. Pour la même raison on avait fait entrer dans la place tous les troupeaux des environs.

On continuait encore d'augmenter les munitions déjà suffisantes pour un siége de quinze mois, lorsque Ferdinand parut tout à coup avec son armée. Il dressa ses tentes dans la vallée, au delà des jardins, et envoya sommer la ville de se rendre.

Indigné des menaces du roi espagnol, Cidi Yahye proposait de répondre que la garnison périrait sous les ruines de ses remparts plutôt que de rendre les armes. Mais Mohamed-Ben-Hassan ayant fait observer qu'il ne fallait s'engager qu'à ce que l'on était sûr de pouvoir faire, et tâcher ensuite de faire plus qu'on n'avait promis, on répondit poliment au héraut de Ferdinand que la garnison avait été placée dans la ville pour la défendre et non pour la livrer.

Ferdinand se prépara en conséquence à pousser le siége avec la plus grande vigueur. Trouvant son camp trop éloigné de la ville, il résolut de le porter de l'autre côté des jardins, afin de pouvoir établir ses batteries. Un détachement reçut l'ordre d'aller prendre possession des jardins.

A peine les Espagnols, encouragés par les exhortations de leur chef, le maître de Saint-Iago, eurent-ils franchi les limites de cette espèce de forêt que des cris de guerre partirent des faubourgs, et qu'une nuée de guerriers maures sortit du lieu où elle était cachée. Cidi Yahye les conduisait.

— Soldats, s'écria-t-il, nous combattons pour la vie et pour la liberté, pour nos familles, pour notre pays, pour notre religion. Nous n'avons plus d'espoir que dans la force de nos bras, le courage de nos cœurs et la toute-puissante protection d'Allah! marchons avec courage et combattons avec constance.

Les Maures répondirent à ces paroles par des cris; les deux armées se rencontrèrent au milieu des jardins, et le combat s'engagea.

La nature difficile du terrain, coupé de nombreux courants d'eau, le rapprochement des arbres et la grande quantité de tours donnèrent l'avantage aux Maures, qui connaissaient tous les détours de ce labyrinthe, et combattaient à pied, tandis que les chrétiens étaient à cheval.

Les chefs espagnols ordonnèrent à plusieurs cavaliers de mettre pied à terre. La lutte devint terrible et opiniâtre; mais c'était moins une action générale qu'une foule de combats particuliers. Comme nul ne pouvait plus entendre la voix de son chef ni se rallier sous son étendard, chacun continuait de combattre selon les inspirations de la crainte ou de la fureur.

Dans certains endroits les chrétiens avaient le dessus, dans d'autres les Maures l'emportaient. C'était surtout aux environs des tourelles et des pavillons que la lutte était plus acharnée. Les deux partis enlevaient tour à tour ces petites forteresses, et après les avoir défendues avec vigueur, en étaient de nouveau chassés.

Plusieurs tourelles furent brûlées, et les tourbillons de fumée et de flammes qui s'en échappaient, joints aux cris des blessés, ajoutaient encore à l'horreur du carnage.

Ferdinand était resté hors des vergers, en proie aux plus vives inquiétudes. Il ne pouvait presque rien voir de l'action, et les blessés qui revenaient au camp ne donnaient que des rapports contradictoires selon le résultat de la lutte particulière dans laquelle chacun avait été engagé.

Au nombre de ceux qui furent rapportés mourants se trouva don Juan de Lera, jeune homme d'un mérite distingué, jouissant de l'estime de son souverain et de l'affection de toute l'armée. On le déposa au pied d'un arbre, et l'on essaya de bander sa blessure avec la même écharpe que lui avait faite son épouse, Dona Catalina de Urrea. On ne put arrêter le sang, et tandis qu'un religieux lui administrait les derniers sacrements de l'Église, il expira sous les yeux du roi, qui avait peine à retenir ses larmes.

Du haut des remparts de la ville, Mohamed-Ben-Hassan suivait d'un œil inquiet tous les mouvements des deux partis. Après douze heures d'une lutte non interrompue, le bruit des armes se rapprocha, et Mohamed put voir les guerriers maures, repoussés par de nouveaux escadrons ennemis, se retirer derrière les palissades qui défendaient les extrémités des faubourgs.

Les chrétiens de leur côté plantèrent aussi des palissades, et Ferdinand ordonna d'établir le camp dans les vergers. Mohamed sortit pour soutenir Cidi Yahye; mais la nuit était close, et l'obscurité ne permettait plus aux Maures de tenter rien de sérieux.

CHAPITRE XXIX.

Siége de Baza. — Exploit de Hernando Perez d'El Pulgar.

Le soleil se leva sur une scène bien douloureuse. Les soldats des avant-postes de l'armée chrétienne, aux prises toute la nuit avec les tirailleurs maures, étaient pâles et défaits, et le grand nombre de guerriers étendus morts devant les palissades annonçaient les terribles attaques qu'ils avaient eues à soutenir, et le courage héroïque avec lequel ils s'étaient défendus.

Derrière eux s'étendaient les bosquets et les jardins de Baza, jusqu'alors séjour du plaisir, maintenant théâtre d'horreur et de désolation. Les tours et les pavillons n'étaient plus que des monceaux de cendres fumantes; les canaux et les ruisseaux étaient rouges de sang et encombrés de cadavres. Au milieu de ces tristes restes, s'élevaient les tentes chrétiennes dressées à la hâte et sans ordre.

Voyant qu'il ne pourrait conserver la position qu'il venait de choisir, Ferdinand résolut de l'abandonner. Cette retraite en face d'un ennemi si alerte et si audacieux n'était pas sans danger, il eut recours à la ruse.

Il fit renforcer les avant-postes et commencer des travaux comme pour établir définitivement son camp, et pendant qu'on laissait debout toutes les tentes, on se hâta de reporter tous les bagages à l'endroit où l'armée se trouvait la veille. Tout à coup, vers le soir, les tentes s'abaissèrent et disparurent, les avant-postes se retirèrent et le camp s'évanouit.

Les Maures s'aperçurent trop tard de l'adroite manœuvre de Ferdinand. Cidi Yahye se mit vainement, quoique avec des forces considérables, à la poursuite des chrétiens; ces derniers se retiraient en bon ordre, et ils parvinrent enfin à se dégager du labyrinthe où ils avaient souffert de si grandes pertes.

Le camp était maintenant hors de danger, mais trop éloigné de la ville pour agir avec avantage. Le roi convoqua un conseil de guerre afin de délibérer sur le parti à prendre. Le marquis de Cadiz fut d'avis de lever le siége, la place étant trop forte et trop bien approvisionnée, et de ravager tout le pays pour enlever à Almeria et à Guadix toutes les ressources que ces villes tiraient de la campagne.

Don Gutière de Cardenas opina en sens contraire. Selon lui, l'ennemi regarderait la retraite de l'armée comme une marque de faiblesse et d'irrésolution; ce serait encourager les partisans d'El Zagal, et peut-être déterminer le peuple inconstant de Grenade à une révolte ouverte.

La fierté naturelle de Ferdinand le portait à adopter cette dernière opinion; mais réfléchissant à tout ce que son armée avait souffert et à tout ce qu'elle pourrait encore avoir à souffrir, il sacrifia tout à la sûreté de ses soldats; et se prononça pour l'avis du marquis de Cadiz.

Quand les troupes apprirent que le roi était disposé à renoncer à son entreprise, uniquement pour leur épargner des périls et des fatigues, elles cédèrent à un généreux enthousiasme, et le prièrent d'une voix unanime de ne point abandonner le siége avant que la ville se rendît.

Ne sachant alors à quel avis s'arrêter, le roi envoya un courrier à Isabelle pour lui demander le sien. Elle lui répondit qu'elle ne s'opposait ni à l'un ni à l'autre des partis proposés; mais que s'il se décidait à continuer le siége, elle lui fournirait tous les renforts et toutes les provisions nécessaires.

Cette réponse fixa l'incertitude du roi; et quand sa résolution de poursuivre son premier projet fut connue de l'armée, on l'accueillit avec autant de joie que l'annonce d'une victoire.

Le prince Cidi Yahye avait été informé de l'hésitation de Ferdinand. L'espoir qu'il en avait conçu de la prochaine retraite des ennemis, fut confirmé le lendemain par le mouvement subit et rétrograde de toute leur artillerie. Mais Ferdinand avait seulement partagé son armée en deux divisions. L'une, composée de huit mille hommes d'infanterie et de quatre mille chevaux avec toutes les pièces et les machines de siége, prit position du côté de la ville qui faisait face à la montagne. Elle était sous le commandement du marquis de Cadiz qui avait avec lui don Alonzo de Aguilar, Luis Fernandez Puerto Carrero et plusieurs autres chevaliers de distinction.

L'autre division, commandée par le roi, se formait des intrépides montagnards de la Biscaye, du Guipuscoa, de la Galice et des Asturies. Au nombre des chevaliers qui suivaient le roi étaient don Rodrigue de Mendoza, le brave comte de Tendilla, et don Alonzo de Cardenas, maître de Saint-Iago. Les deux camps étaient très-éloignés l'un de l'autre, aux côtés opposés de la ville, et séparés par les vergers.

— Ces camps, dit le vieux Mohamed à ses amis, sont trop loin l'un de l'autre pour qu'ils puissent se soutenir mutuellement ; la forêt des vergers est comme un gouffre qui les sépare.

Mohamed fut bientôt détrompé. A peine les chrétiens se furent-ils fortifiés dans leurs nouvelles positions, que les Maures entendirent le bruit des haches et le craquement des arbres qu'elles abattaient. Ils regardèrent avec anxiété du sommet de leurs plus hautes tours, et virent avec effroi les pionniers chrétiens raser leurs bosquets chéris.

Les Maures voulurent empêcher cette œuvre de destruction, mais ils furent repoussés avec vigueur; et après quarante jours de travail et de combats presque non interrompus, tous les arbres furent abattus, et Baza dépouillée de ses beaux jardins qui lui avaient servi si longtemps d'ornement et de protection.

Les assiégeants continuèrent à investir et à isoler la ville. Ils réunirent leurs camps par un profond fossé d'une lieue de longueur, creusé à travers la plaine, dans lequel ils firent couler les eaux des ruisseaux voisins, et qu'ils fortifièrent de palissades et de quinze redoutes.

Ils en creusèrent un autre de deux lieues de long, et qui suivait les sinuosités de la montagne. Ce second fossé passait derrière la ville et joignait aussi les deux camps. On le munit de chaque côté d'un rempart de terre, de pierres et de bois.

Ainsi les Maures se trouvaient complétement enfermés, et ne pouvaient recevoir aucun secours du dehors. Ferdinand essaya aussi de les priver d'eau, en s'emparant d'une source qui sortait du pied de la colline l'Albohacin située derrière la ville.

Les Maures ont besoin d'eau pour leurs bains et leurs fréquentes ablutions; ceux de Baza avaient en outre pour la fontaine de l'Albohacin un respect superstitieux. Ils firent donc une sortie pendant la nuit et élevèrent sur la colline des retranchements assez forts pour en défendre l'approche aux chrétiens.

Cependant le siége, qui traînait en longueur, offrait aux jeunes chevaliers espagnols peu d'occasions d'exercer leur courage aventureux. Ils se plaignaient de la fastidieuse sécurité de leur camp retranché, et aspiraient à quelque exploit plein de difficultés et de dangers. Dans leur nombre se trouvaient Francisco de Baza et Antonio de Cueva; ce dernier était fils du duc d'Albuquerque.

Un jour, qu'assis sur les remparts du camp, ils murmuraient ensemble de l'inaction à laquelle ils étaient condamnés, ils furent entendus par un vieil adalide, un de ces éclaireurs qui connaissaient si bien le pays.

— Seigneurs, leur dit-il, si vous voulez vous distinguer par une entreprise périlleuse et en même temps profitable, si vous avez envie de tirer le vieux Maure par la barbe, je serai votre guide. Je vous conduirai tout près de la ville de Guadix, où il y a de riches hameaux, et pour peu que vous ayez la tête aussi froide que vos éperons sont chauds, vous pourrez emporter leurs dépouilles sous les yeux mêmes d'El Zagal.

Cette idée sourit à nos deux jeunes guerriers; en peu de temps ils eurent rassemblé une troupe d'environ trois cents cavaliers et deux cents fantassins.

A l'entrée de la nuit, ils sortirent en secret du camp, et suivirent leur guide par les chemins les moins fréquentés des montagnes. Après avoir marché deux nuits et un jour, il arrivèrent le matin près des hameaux. Ils les attaquèrent, et après avoir saccagé les maisons, ravagé les champs, rassemblé les troupeaux et fait plusieurs prisonniers, ils s'en retournèrent précipitamment vers Baza, avant que l'alarme se répandît.

El Zagal apprit cette nouvelle avec colère, et envoya aussitôt des troupes à la poursuite des Espagnols. Ceux-ci poussaient les troupeaux vers le sommet d'une montagne aussi rapidement qu'ils le pouvaient, quand ils aperçurent au milieu d'un nuage de poussière les Maures qui couraient sur eux à bride abattue.

Les chrétiens étaient épuisés et inférieurs en nombre à leurs ennemis. Quelques-uns des cavaliers proposèrent à leurs jeunes chefs d'abandonner le butin et de s'enfuir. Ils s'y refusèrent, parce que, disaient-ils, il y a moins de danger à présenter hardiment le front à l'ennemi qu'à lui tourner lâchement le dos.

Les cavaliers se rendirent à cette observation, et déclarèrent qu'ils n'abandonneraient point les fantassins leurs compagnons. Mais la grande masse de la troupe se composait de volontaires qu'aucun lien commun ne pouvait retenir ensemble à l'heure du danger, et chacun ne songeant qu'à sa propre sûreté, le désordre se mit bientôt dans leurs rangs.

Les capitaines ordonnèrent au porte-étendard de s'avancer contre l'ennemi ; le porte-étendard hésita, et les troupes allaient prendre la fuite, lorsque Hernando Perez del Palgar, alcayde de Salar, les arrêta. Il ôta le mouchoir que, selon l'usage des Andaloux, il portait autour de sa tête, et le fixant au bout de sa lance, il l'éleva en l'air et s'écria :

— Cavaliers, pourquoi portez-vous des armes, si vous ne vous fiez pour votre sûreté qu'à la vitesse de vos chevaux? Ceux de vous qui voudront combattre ne manqueront point d'étendard. Qu'ils suivent ce mouchoir!

A ces mots il s'élança au-devant des Maures, et toute sa troupe, animée d'une généreuse émulation, le suivit avec de grands cris. Les Maures, saisis d'une terreur panique, s'enfuirent; les chrétiens les poursuivirent longtemps et en firent un horrible carnage.

Après avoir dépouillé les morts au nombre de trois cents, les Espagnols reprirent avec leur butin le chemin du camp, et rentrèrent en triomphe précédés du singulier étendard qui les avait conduits à la victoire.

Le roi, ayant appris cet acte de bravoure, conféra aussitôt à Hernando l'ordre de la chevalerie. Hernando continua de mériter le surnom qu'il reçut plus tard de *el de las hasanas,* l'homme aux exploits.

CHAPITRE XXX.

Continuation du siége de Baza. — Arrivée au camp de deux religieux de la Terre-Sainte.

El Zagal était monté sur une tour, afin de considérer les maraudeurs chrétiens qu'il s'attendait à voir amener prisonniers. Le cœur lui manqua lorsqu'il vit ses propres troupes décimées rentrer en désordre.

La fortune de la guerre traitait le vieux monarque bien durement. Son âme était accablée des mauvaises nouvelles que chaque jour on lui apportait de Baza, et cependant il n'osait aller lui-même au secours de cette ville. Il y envoya des renforts, mais ils furent tous pris ou repoussés.

Les partisans secrets qu'il avait à Grenade voulurent tenter un nouvel effort pour se défaire de Boabdil et marcher ensuite avec toutes les troupes de la capitale sur Guadix. Le complot fut découvert; Boabdil fit décapiter les principaux meneurs, et l'on exposa leurs têtes sur les murs de l'Alhambra. Cet acte de sévérité frappa de terreur tous les mécontents, et Grenade reprit sa première tranquillité.

Ferdinand était instruit de tous ces événements. Pour empêcher l'arrivée des volontaires de Grenade, il fit garder tous les défilés des montagnes, et des éclaireurs furent placés sur toutes les hauteurs, afin de donner l'alarme au besoin.

Les semaines et les mois s'écoulaient, et Ferdinand attendait toujours que la garnison se rendît par frayeur ou par famine. De leur côté, les assiégés, pour montrer que leur constance était inébranlable, suivirent le conseil du vieux Mohamed-Ben-Hassan, et firent tous les jours des sorties. Tombant à l'improviste sur les endroits faibles des retranchements de l'armée chrétienne, ils y portaient le carnage et revenaient souvent avec un butin considérable.

Pendant que les chrétiens se livraient à tous les travaux et à toutes les fatigues du siége, on vit un jour deux religieux de l'ordre de Saint-François entrer dans le camp. Ils venaient de la Terre-Sainte, et l'un d'eux était le P. Antonio Millan, prieur du couvent des Franciscains de Jérusalem.

Il était chargé d'une ambassade de la part du soudan d'Égypte, qu'on appelait aussi à cette époque le soudan de Babylone. La ligue que ce prince avait conclue avec le Grand-Turc en faveur de Grenade était dissoute, et les deux monarques avaient repris les armes l'un contre l'autre.

Cependant le soudan se croyait obligé, comme chef de la religion musulmane, de soutenir le royaume de Grenade, et il avait en conséquence écrit aux souverains castillans, ainsi qu'au pape et au roi de Naples, pour se plaindre des maux que l'on faisait souffrir aux Maures de l'Espagne, tandis que dans ses états les chrétiens jouissaient pleinement de leurs biens, de leur liberté et de leur religion. Il demandait donc qu'on rendît aux Maures le pays dont ils avaient été dépossédés, et menaçait, en cas de refus, de faire mourir tous les chrétiens de la Palestine, de raser leurs couvents et leurs temples, et de détruire entièrement le saint Sépulcre.

En passant, ces religieux avaient visité Rome et remis la lettre du soudan au souverain pontife. Sa Sainteté les chargea à son tour d'une lettre adressée aux souverains espagnols, dans laquelle il les priait de lui faire connaître la réponse qu'ils donneraient au monarque oriental.

Le roi de Naples écrivit aussi à Ferdinand, comme pour lui demander des nouvelles de la guerre de Grenade, et terminait sa lettre en le priant de ne pas exposer les chrétiens de l'Orient à de sanglantes représailles. La vérité est que ce prince craignait qu'après la soumission des Maures, Ferdinand n'eût le temps et les moyens de faire valoir ses prétentions à la couronne de Naples.

Ferdinand répondit à son cousin avec la plus

grande douceur, et après lui avoir expliqué toutes les raisons qui avaient forcé les Espagnols à prendre les armes, il chercha à le tranquilliser sur le sort des chrétiens de la Palestine, l'assurant que les grands revenus que l'on extorquait d'eux par les tributs qu'ils payaient, les défendraient toujours assez contre la violence dont on les menaçait.

Le souverain espagnol justifia également dans sa réponse au pape la guerre qu'il avait commencée. Il voulait, disait-il, reprendre aux Maures un pays qu'ils avaient usurpé, et les punir des guerres qu'ils avaient faites aux chrétiens.

Les Franciscains, ayant achevé leur mission auprès du roi, se rendirent à Jaën, où ils furent reçus par Isabelle avec le plus profond respect. Elle accorda une rente perpétuelle de mille ducats d'or pour l'entretien des religieux du couvent de Jérusalem, et joignit à ce don un voile qu'elle avait brodé de sa main, pour être placé sur le saint Sépulcre *.

Cette piété de la reine était aussi la cause de l'ardeur qu'elle mettait à soutenir son époux dans

* Les souverains catholiques envoyèrent plus tard le célèbre historien Pietro, martyr, en ambassade auprès du Grand-Soudan Les représentations de cet homme habile satisfirent complétement le monarque, qui fit cesser les avanies et les exactions qu'on exerçait contre les pèlerins, et qui sans doute avaient été détaillées au souverain espagnol par les deux religieux.

la guerre sainte où il était engagé. Elle avait promis de lui fournir tous les secours nécessaires en hommes, en argent et en provisions, jusqu'à ce que la ville de Baza fût prise.

Il ne lui fut pas difficile de trouver des hommes, car elle était tellement aimée de la chevalerie espagnole, qu'au premier appel tous accouraient devant Baza ; mais ce qui devait l'embarrasser davantage, c'était la fourniture régulière des approvisionnements, non-seulement pour l'armée, mais encore pour toutes les villes conquises et leurs garnisons ; car le pays avait été entièrement ravagé. Grâce à ses secours, l'armée ne manqua pas un seul jour des vivres nécessaires, quoiqu'il fallût les porter à dos de mulet par les défilés des montagnes, où ils étaient exposés à chaque instant à tomber entre les mains des Maures.

Cette entreprise gigantesqae entraîna des dépenses incroyables ; mais le clergé, ainsi que plusieurs négociants et autres personnes opulentes, avancèrent à la reine des fonds considérables sur la seule garantie de sa parole. Elle-même envoya sa vaisselle d'or et tous ses bijoux à Valence et à Barcelonne, où ils furent mis en gage pour de grandes sommes, qui furent sur-le-champ employées aux besoins de l'armée.

Tandis que l'abondance et le luxe, qu'elle entraîne presque toujours après elle, régnaient dans le camp, la famine se faisait déjà sentir dans Baza.

Cidi Yahye avait beaucoup perdu de son ardeur; on le voyait se promener d'un air pensif sur les remparts, et après avoir jeté un regard inquiet sur le camp des chrétiens, tomber dans une profonde rêverie. Mohamed-Ben-Hassan s'efforçait de relever son courage en lui représentant les ravages que la saison des pluies, qui approchait, ferait dans le camp de Ferdinand. « Une seule tempête, disait-il, renversera cette cité de toile et balaiera ces brillants pavillons comme un amas de neige. »

Cidi Yahye se laissa persuader. Mais un matin il vit dans le camp un mouvement général. Le bruit des marteaux retentissait de tous côtés, et bientôt, à sa grande surprise, des murs et des toits de maisons s'élevèrent au-dessus des retranchements. En peu de temps il y eut plus de mille bâtiments en bois et en plâtre, couverts avec les tuiles des tours démolies des vergers, et ornés des bannières des chevaliers. Les simples soldats, de leur côté, construisaient pour eux-mêmes des cabanes d'argile et de branchages qu'ils couvraient de chaume. Ainsi un simple camp fut converti en une ville assez solidement bâtie, ayant des rues et des places publiques. Au centre s'élevait le palais du roi.

Ferdinand avait pris ce parti pour mettre l'armée à l'abri des pluies de la mauvaise saison, et aussi pour convaincre les Maures de sa résolution à continuer le siége. Un orage d'automne, qui commença presque aussitôt après, inonda cette nouvelle ville, et fit crouler quelques-unes des maisons dont les fondements étaient trop faibles.

Les pluies avaient rendu les routes impraticables, et une terreur panique s'empara de l'armée, quand elle ne vit plus arriver de provisions. Heureusement la pluie fut de courte durée, et les convois purent de nouveau marcher. Isabelle avait envoyé six mille soldats sous le commandement d'officiers expérimentés, pour réparer les routes et construire des chaussées et des ponts sur une étendue de sept lieues d'Espagne.

CHAPITRE XXXI.

Généreux dévouement des habitants de Baza. — Isabelle arrive au camp. — Reddition de Baza. — Soumission d'El Zagal.

Ferdinand, touché des souffrances des assiégés, leur fit de nouvelles offres aussi avantageuses qu'il était possible. Mohamed n'y vit qu'une preuve de la détresse des chrétiens. « Bientôt, dit le vieux guerrier, nous verrons cette nuée de sauterelles dissipée par les tempêtes d'hiver. Quand une fois les Espagnols auront tourné le dos, ce sera à notre tour de frapper; et avec l'aide d'Allah, le coup sera décisif. »

Il envoya ensuite au prince chrétien un refus ferme, mais poli, et il engagea en même temps ses compagnons à attaquer les avant-postes espagnols avec plus de vigueur que jamais.

Ce fut dans une de ces sorties que don Alonzo de Aguilar, accompagné du comte de Urena et d'un corps de troupes, sauva son frère Gonzalve, que les Maures allaient envelopper, et repoussa ceux-ci jusque dans les faubourgs de la ville.

Cependant l'opiniâtreté des infidèles à défendre la place semblait augmenter avec leurs souffrances.

L'argent qui servait à la paie de la garnison était entièrement épuisé ; Mohamed convoqua les principaux habitants, et leur représenta la nécessité de faire quelque sacrifice pour le bien général. Après avoir délibéré ensemble, les habitants apportèrent leur vaisselle d'or et d'argent, et cet exemple provoqua aussi l'émulation des femmes.

— Porterons-nous, dirent-elles, des ornements inutiles, quand notre pays est dévasté et que nos défenseurs manquent de pain? Si Baza est délivrée, nous n'aurons pas besoin de ces bijoux pour témoigner notre joie; et si Baza succombe, laissera-t-on ces ornements à des esclaves?

En parlant ainsi elles se dépouillèrent de tous leurs bijoux d'or et de leurs pierreries, et vinrent les déposer entre les mains de Mohamed.

Ferdinand apprit ce généreux dévouement, et les espérances que les commandants maures donnaient aux assiégés de voir bientôt l'armée chrétienne abandonner le siége. « Je vais leur prouver qu'ils se trompent, » dit-il; et il écrivit à la reine de venir avec sa cour passer l'hiver au camp.

Des cris de joie et des salves d'artillerie annoncèrent l'arrivée de la reine. Du haut de l'une de leurs tours les plus élevées, les chefs maures virent une nouvelle armée descendre des montagnes. Isabelle montait une mule richement caparaçonnée ; à sa droite elle avait sa fille, et à sa gauche le grand cardinal d'Espagne. Après elle marchaient un grand nombre de chevaliers, de dames et d'écuyers.

A cette vue Mohamed secoua tristement la tête, et se tournant vers ses capitaines : « Chevaliers, dit-il, le sort de Baza est décidé. »

Quelques Maures proposèrent de faire une sortie et d'attaquer ce brillant cortége, qui semblait vouloir insulter à leur douleur ; mais Cidi Yahye s'y opposa. Le caractère d'Isabelle inspirait du respect même aux mahométans, et la plupart de leurs chefs se distinguaient par cette courtoisie chevaleresque qui n'appartient qu'aux âmes nobles.

Les habitants de Baza voulurent aussi contempler le spectacle que présentait alors le camp chrétien, et eurent bientôt rempli le haut des remparts, des tours et des mosquées.

A l'arrivée de la reine, l'épée rentra dans le fourreau, et si l'on continua de part et d'autre à se bien garder, du moins il n'y eut plus de sortie ni de carnage.

Cidy Yahye avait jusqu'alors prodigué la vie de ses soldats ; il en devint avare du moment qu'il vit sa cause désespérée. A sa demande, Ferdinand consentit à ouvrir des négociations, et ce fut le commandeur de Léon, don Gutière de Cardenas, qu'il chargea de traiter avec Mohamed.

Après avoir rappelé au vieux alcayde les maux que Malaga s'était attirés par sa défense obstinée, le commandeur lui promit, au nom de son souverain, les mêmes conditions qui lui avaient été offertes au commencement du siége.

Mohamed, de retour auprès de ses concitoyens, leur fit part des offres du monarque espagnol. Les commandants maures demandèrent qu'on en référât à El Zagal, et Mohamed ayant obtenu de Ferdinand un sauf-conduit, partit lui-même aussitôt pour Guadix.

Il trouva le vieux roi assis dans une chambre retirée de son château, et plongé dans une morne rêverie. Il lui remit la lettre de Cidi Yahye; El Zagal la lut et soupira profondément. Après quelques instants de réflexion, il fit assembler les alfaquis et les vieillards de Guadix pour prendre leur avis. N'en étant point satisfait, il renvoya son conseil et fit appeler Mohamed.

— Dieu seul est grand! dit-il, et Mahomet est son prophète! Retourne auprès de mon cousin, et dis-lui que, ne pouvant le secourir, je le laisse libre d'agir comme bon lui semblera. Je ne puis exiger que les habitants de Baza, après tant d'efforts, affrontent de nouveaux périls pour prolonger une défense inutile.

La réponse d'El Zagal fixa le sort de Baza. Cidi Yahye capitula sur-le-champ et aux conditions les plus favorables. Les troupes qui étaient venues de divers autres lieux au secours de la place, eurent la permission de se retirer avec armes et bagages; les habitants purent également partir avec leurs biens ou demeurer dans les faubourgs, avec la pleine jouissance de leur religion et de leurs lois, en prêtant serment de fidélité aux souverains espagnols et en leur payant le tribut payé aux rois maures. La ville et la citadelle devaient être livrées dans six jours, et en attendant l'expiration de ce délai, les Maures devaient remettre comme otages aux vainqueurs quinze jeunes gens, fils des principaux habitants.

Quand Cidi Yahye et Mohamed conduisirent les otages au camp, le premier fut si touché des grâces et de la générosité d'Isabelle, ainsi que de la noble courtoisie de Ferdinand, qu'il jura de ne plus tirer l'épée contre des souverains si magnanimes.

Il les pria de vouloir le compter au nombre de leurs sujets les plus dévoués, et s'engagea encore à employer toute son influence pour amener El Zagal à faire la paix avec les chrétiens. Bien plus, l'effet que produisirent sur l'esprit du prince maure ses entretiens avec les souverains espagnols fut si grand, qu'il s'étendit jusque sur ses opinions religieuses; il en reconnut l'absurdité, et pénétré de la vérité de l'Evangile, il demanda à être baptisé.

Mohamed fut aussi gagné par la magnanimité et la munificence des souverains ; il les pria d'accepter ses services. D'autres chevaliers maures imitèrent son exemple.

C'est ainsi qu'après un siége de près de sept mois, la ville de Baza se rendit le 4 décembre 1489, fête de sainte Barbe. Le roi et la reine y firent leur entrée triomphale le jour suivant, et la joie de l'armée s'accrut encore à la vue de cinq cents esclaves chrétiens délivrés des cachots des Maures.

La reddition de Baza fut suivie de celle d'Almunecar, de Tavernas et de la plupart des forteresses des montagnes d'Alpuxara.

Ces pertes achevèrent d'abattre le courage d'El Zagal, et avec sa puissance se dissipa aussi la terreur qu'il inspirait. Un jour qu'il était absorbé dans ses tristes réflexions sur la fragilité des grandeurs humaines, on lui annonça l'arrivée du prince Cidi Yahye. Cet illustre converti à la foi s'était rendu à Guadix avec l'intention et l'espoir d'engager le vieux monarque à suivre son exemple. Il portait encore le costume maure, car Ferdinand avait cru devoir pendant quelque temps tenir sa conversion secrète, pour lui conserver son influence sur les musulmans.

Le cœur d'El Zagal s'émut en revoyant un parent à l'heure de l'adversité. Il pressa son cousin entre ses bras, et remercia Allah de lui avoir laissé au milieu de ses peines un conseiller et un ami.

— Le sort est contraire à nos armes, lui dit Cidi Yahye. Rappelle-toi les prédictions des astrologues à la naissance de ton neveu Boabdil. Ce n'est pas le résultat de la bataille de Lucena, mais bien la chute et la fin du royaume qu'annonçaient les astres. Nos revers continuels montrent que le sceptre de Grenade doit passer entre les mains des princes chrétiens..... Telle est, ajouta Cidi d'un ton solennel, oui, telle est la volonté toute-puissante de Dieu.

El Zagal avait écouté ces paroles avec une attention muette ; il resta encore longtemps silencieux et pensif. A la fin il s'écria en poussant un profond soupir : — *Alahuma Subahana hu!* Que la volonté de Dieu soit faite! Oui, mon cousin, il n'est que trop évident que telle est la volonté d'Allah ; et sa volonté ne manquera jamais de s'accomplir. S'il n'avait pas décidé la chute de Grenade, ce bras et ce cimeterre l'auraient soutenue.

— Ne pouvant prolonger la guerre sans plonger le pays dans la désolation, reprit Cidi Yahye, entends-tu céder les villes qui te restent à ton neveu El Chico?

— Jamais! s'écria El Zagal, saisissant avec fureur la garde de son cimeterre; non, jamais je ne m'avilirai au point de traiter avec un esclave. J'aimerais mieux voir les bannières espagnoles flotter sur mes remparts.

Cidi Yahye profita de cette ouverture pour presser son cousin de se soumettre franchement aux souverains castillans dont il vanta la générosité.

— Alahuma Sabahana hu! répéta El Zagal avec résignation; et Cidi Yahye retourna à Baza avec plein pouvoir de traiter au nom de son parent avec les souverains chrétiens.

En retour de la cession de Guadix, d'Almeria et d'une grande partie de cette chaîne de montagnes, qui s'étend depuis la capitale jusqu'à la Méditerranée, Ferdinand reçut El Zagal en son amitié et alliance, et lui donna le titre de roi d'Andaraxa avec le territoire d'Alhamin (dans les Alpuxarras), qu'il devait tenir en fief de la couronne de Castille.

Le 17 décembre, Ferdinand quitta Baza avec une partie de son armée, et la reine ne tarda pas à le suivre. Comme il approchait d'Almeria, le vieux roi maure vint à sa rencontre, accompagné de son cousin et des principaux habitants. Il était facile de voir dans le mouvement de ses lèvres et dans tous les traits de son visage, l'indignation dont son cœur était plein : tandis qu'il s'humiliait sous les décrets de la destinée, son âme orgueilleuse était révoltée de s'abaisser devant l'instrument mortel que le ciel avait employé. Il descendit de cheval et s'avança vers le roi pour lui baiser la main et en signe d'hommage. Mais Ferdinand respecta le titre royal que le Maure avait porté, et se refusa à cette cérémonie. Il se pencha sur sa selle, l'embrassa gracieusement et le pria de remonter à cheval.

Après que la ville d'Almeria et tout le reste du territoire appartenant à El Zagal eurent été remis aux vainqueurs, le vieux roi maure se retira dans les montagnes pour y cacher sa honte, et se consoler dans son petit domaine d'Andaraxa de la perte des états qui venaient de lui être enlevés.

CHAPITRE XXXII.

Ferdinand marche de nouveau contre Grenade. — Prise du château de Roma.

Quand Jusef Aben Commixa, visir de Boabdil, entra dans le salon royal de l'Alhambra et annonça la capitulation d'El Zagal, le cœur du jeune monarque bondit de joie. Son oncle, son ennemi, était vaincu et détrôné, et il régnait seul, sans rival, à Grenade.

— Allah Achbar! s'écria-t-il, réjouis-toi avec moi, Jusef! les astres ont cessé de me persécuter. Personne ne doit plus désormais m'appeler El Zogoybi.

Il voulut ordonner des réjouissances publiques, mais Jusef secoua la tête et dit : « La tempête a cessé sur un point, mais elle peut éclater sur l'autre. Nous sommes entourés d'écueils et de flots menaçants ; attendons que le calme soit rétabli. »

Boabdil descendit ensuite dans la ville pour y recevoir les acclamations du peuple. Quelle fut sa surprise lorsqu'en arrivant sur la place de la Vivarrambla, il n'entendit que des gémissements et des exécrations ! La nouvelle des derniers événements avait plongé tous les habitants dans la douleur et dans l'indignation, et quand ils virent Boabdil traverser les rues avec une pompe si peu d'accord avec leur humiliation, ils lui prodiguèrent tout haut les épithètes de traître et d'apostat.

Boabdil rentra tout confus dans l'Alhambra, et s'y condamna à une prison volontaire, jusqu'à ce que l'exaspération du peuple fût un peu calmée. Ce fut au fond de cette retraite qu'il reçut une lettre de Ferdinand, dans laquelle ce prince lui rappelait un traité qu'il avait souscrit après la prise de Loxa. Baza, Guadix et Almeria étaient tombées au pouvoir des chrétiens, et, selon les termes de ce traité, Boabdil devait, après la soumission de ces places, remettre aussi Grenade aux vainqueurs, en échange de certaines villes maures qu'il tiendrait en fief des souverains espagnols.

Mais Boabdil n'avait plus le pouvoir de céder à ces réclamations ; il n'osait sortir au milieu de l'orage qui grondait autour de lui, comment aurait-il pu proposer aux mécontents de se rendre? Il écrivit donc à Ferdinand pour le supplier d'attendre qu'il eût repris son influence sur ses sujets.

Cette réponse ne satisfit pas le monarque espagnol ; il écrivit une seconde lettre, non à Boabdil, mais aux commandants et au conseil de la capitale.

Aussitôt toute la ville fut en rumeur. Les habitants de l'Alcaceria, presque tous marchands, demandaient que l'on assurât, par une prompte soumission, les avantages dont ils avaient joui pendant la dernière trève; mais Grenade était remplie de fugitifs, qui, exaspérés par les malheurs de la guerre, n'aspiraient qu'à la vengeance, et l'on devait s'attendre à une vigoureuse résistance de la part de ces fiers chevaliers, qui avaient hérité de leurs ancêtres une haine mortelle contre les chrétiens, et que révoltait l'idée de voir Grenade, après avoir été durant tant de siècles le siége de la grandeur des Maures, devenir le séjour des mécréants.

Le plus distingué de ces chevaliers était Muza-Ben-Abil-Gazan. Il était de race royale, d'un caractère fier et généreux, aussi remarquable par sa force que par sa beauté. Il n'avait cessé de se plaindre de la politique timide de Boabdil, et pour entretenir l'esprit belliqueux de ses compatriotes, il avait encouragé les joutes et les autres jeux militaires. Ses efforts ne furent pas infructueux; il était l'idole des jeunes chevaliers, qui le regardaient comme leur modèle et cherchaient à l'imiter.

Quand Muza apprit la demande de Ferdinand, il fut transporté de colère et s'écria : « Le roi chrétien nous prend-il pour des vieillards à qui le bâton puisse suffire? Qu'il sache que le Maure est né pour porter la lance et le cimeterre. S'il veut nos armes, qu'il vienne les prendre; mais elles lui coûteront cher! »

Les paroles de Muza furent reçues avec de bruyantes acclamations, et Grenade se réveilla encore une fois, comme un guerrier qui sort d'une honteuse léthargie. Les commandants et le conseil répondirent à Ferdinand qu'ils mourraient plutôt les armes à la main que de rendre leur ville.

L'hiver ne permit pas au roi espagnol d'entrer immédiatement en campagne pour punir les Maures de leur défi. Il se contenta de jeter de fortes garnisons dans les forteresses des environs de Grenade, et donna le commandement de toute la frontière de Jaën au comte de Tendilla, qui établit son quartier-général à Alcala-la-Real.

Pendant ce temps, la ville de Grenade se préparait à une défense opiniâtre. Muza était l'âme de tous ces mouvements, et son nom porta bien des fois la terreur sur la frontière, où il attaquait les chrétiens dans les passages. La vue de sa brillante légion, quand elle traversait la Vega et rentrait dans la ville, chargée de butin, rappelait aux Maures leurs anciens triomphes; mais leur joie éclatait plus vive, lorsqu'au butin se joignaient des bannières ou autres trophées enlevés aux chrétiens.

Le printemps avançait; Ferdinand crut devoir

cette année ravager seulement le pays, pour réduire Grenade par la famine avant de l'attaquer.

Le moment de la récolte approchait, et depuis longtemps elle n'avait été aussi belle, lorsque le roi parut devant Grenade avec une armée de vingt mille hommes d'infanterie et de cinq mille chevaux. Il avait laissé la reine et sa fille dans la forteresse de Moclin; mais il conduisait pour la première fois son fils, le prince Juan, à la guerre.

Ce fut devant les tours rouges de l'Alhambra, sur lesquelles flottait l'étendard de Mahomet, et au milieu de cette fameuse Vega, le théâtre de tant d'exploits, qu'il voulut conférer au jeune prince l'ordre de la chevalerie; les parrains étaient le duc de Medina-Sidonia et le marquis de Cadiz. Après avoir été fait chevalier, le prince accorda à son tour le même honneur à plusieurs jeunes seigneurs, qui entraient comme lui dans la carrière des armes.

Ferdinand ne tarda pas à mettre son projet à exécution; il détacha des troupes dans toutes les directions pour ravager le pays. Des villages entiers furent saccagés et brûlés, et les ravages s'étendirent si près de Grenade, que la ville fut enveloppée de la fumée de ses hameaux et de ses jardins. Ce sombre nuage monta ensuite le long de la montagne, et resta suspendu aux flancs des tours de l'Alhambra, où l'infortuné Boabdil se tenait encore caché et se frappait la poitrine à la vue des malheurs de son peuple.

Cependant les Maures ne restaient pas inactifs; ils faisaient de fréquentes sorties, et harcelaient vivement les chrétiens. Souvent ils se cachaient dans les rochers et dans les défilés des montagnes, ou dans les buissons de la plaine, pour surprendre l'ennemi et enlever les convois. Mais comme ils n'attaquaient jamais sans avoir l'avantage du terrain; que, malgré les succès apparents des chrétiens, ceux-ci n'en souffraient pas moins de grandes pertes, et que la retraite des Maures n'était souvent que simulée, Ferdinand ordonna à ses capitaines de refuser les défis de l'ennemi, et de se contenter de ravager le pays avec le moins de risques possibles pour eux et leurs troupes.

A deux lieues environ de Grenade et sur une éminence, s'élevait le château fort de Roma, où se réfugiaient les partisans maures lorsque l'ennemi parvenait à leur couper le chemin de Grenade. Souvent ils arrivaient poursuivis de si près, qu'à peine avait-on le temps de fermer sur eux les portes, et les cavaliers chrétiens, arrêtés devant le château, maudissaient les murs qui les empêchaient d'atteindre leur proie.

Un matin de bonne heure, les sentinelles placées sur les remparts du château, aperçurent un nuage de poussière qui s'avançait rapidement. Des turbans et des armes maures frappèrent bientôt leurs regards, et ils virent enfin un troupeau de bêtes, escorté par cent quarante Maures, qui conduisaient en même temps des prisonniers chrétiens enchaînés.

Le chef de la troupe, chevalier maure d'une taille imposante et richement vêtu, arriva jusqu'au pied de la tour, et demanda à être admis avec le butin qu'il venait d'enlever aux chrétiens, ajoutant que ceux-ci étaient sur ses traces. On se hâta d'ouvrir les portes, et bientôt les cours du château furent remplies de bétail, de chevaux et de Maures des montagnes au regard farouche.

Les soldats de la garnison s'empressèrent de mettre les troupeaux à couvert, tandis que ceux qui les avaient amenés se répandaient dans le château pour y chercher le repos. Tout à coup un cri s'éleva, qui fut répété dans les cours, dans les salles et sur les remparts. La garnison voulut prendre les armes, mais avant qu'elle pût faire la moindre résistance, elle se trouva complétement au pouvoir de l'ennemi.

Les prétendus maraudeurs n'étaient que des Mudexares, commandés par le prince Cidi Yahye et son fils Alnayer. Ils étaient descendus des montagnes pour aider le roi espagnol, et s'étaient concertés pour surprendre cet important château, et l'offrir à Ferdinand comme un gage de leur fidélité et comme le premier fruit de leur dévouement.

Le monarque ne put assez témoigner sa reconnaissance à ses nouveaux alliés, et après les avoir comblés de faveurs et de distinction, il mit dans le château une forte garnison, toute composée de chrétiens.

Cidi Yahye rendit la liberté aux Maures qu'il venait de prendre ; mais cet acte de générosité ne put lui faire trouver grâce aux yeux de ses compatriotes de Grenade, qui le maudirent comme un traître. Cependant l'indignation des Maures n'était pas encore arrivée à son dernier degré. Le vieux guerrier El Zagal, fatigué de l'inaction à laquelle il était condamné dans son petit royaume, et entraîné par sa haine contre Boabdil, qu'il regardait comme la cause de sa chute, vint aussi rejoindre le camp espagnol avec toutes les troupes dont il pouvait disposer, et qui ne montaient qu'à deux cents hommes.

Dans son aveugle colère, le vieux roi nuisit plus à sa propre cause qu'à celle de son rival. Les Maures de Grenade l'avaient toujours cru victime de son patriotisme, et avaient refusé d'ajouter foi à tout ce qu'on leur disait de son traité avec les chrétiens ; mais quand ils virent, du haut des remparts, sa bannière déployée au milieu des bannières ennemies, ils éclatèrent en reproches et en imprécations.

Leurs pensées se tournèrent ensuite vers Boabdil, dont toutes les fautes furent attribuées à la fatalité et à l'usurpation de son oncle. Ils se rassemblèrent sous les murs de l'Alhambra, et saluèrent le jeune prince comme leur seul espoir, le seul soutien de la patrie.

Boabdil pouvait à peine en croire ses oreilles, quand il entendit son nom mêlé aux acclamations du peuple. Encouragé par cette faveur inattendue, il sortit de sa retraite, et fut reçu avec enthousiasme.

CHAPITRE XXXIII.

Expédition de Boabdil contre Alhendin. — Exploit du comte de Tendilla. — Boabdil assiége le château de Salobrena. — Ferdinand prévient une révolution à Guadix.

Pendant trente jours, la Vega avait été ravagée par les chrétiens, et cette belle plaine ne présentait plus qu'une vaste scène de désolation.

L'armée dévastatrice avait accompli sa tâche; elle avait passé le pont de Pinos et repris le chemin de Cordoue, emportant les dépouilles des villes et des villages, et poussant devant elle de longs convois de troupeaux. Le son de la dernière trompette chrétienne avait expiré sur la montagne d'Elvire, et l'on ne voyait plus aucun escadron ennemi dans les champs désolés de la Vega.

Boabdil endossa alors sa cuirasse et sortit de l'Alhambra, prêt à entrer en campagne. Lorsque le peuple le vit armé contre son ancien allié, les deux factions, qui depuis si longtemps divisaient la capitale, se réunirent sous son étendard, et bientôt les robustes habitants de la Sierra-Nevada descendirent en foule de leurs montagnes pour se ranger autour de leur légitime roi.

Ce fut le 15 juin que Boabdil quitta la ville et se dirigea vers le fort d'Alhendin, situé à quelques lieues seulement de Grenade et à l'entrée des monts Alpuxarras. Bâti sur une hauteur, au milieu d'une petite ville, ce château commandait une grande partie de la Vega, et avait alors pour gouverneur un vaillant chevalier chrétien nommé Mendo de Quexada, et une garnison de deux cent cinquante hommes, tous vieux guerriers.

Boabdil l'assiégea vivement pendant six jours, sans que l'alcayde ou la garnison, quoique épuisés de fatigue, fissent mine de mollir. Deux fois la poterne fut forcée, et deux fois les assaillants furent repoussés avec perte.

Cependant la garnison diminuait de jour en jour, il n'y avait plus assez de soldats pour garder les remparts et les portes, et le brave alcayde se vit contraint de se retirer dans le donjon du château, où il continua à faire une vigoureuse résistance.

Les Maures commencèrent alors, malgré les efforts des assiégés, à miner le pied de la tour. Privé de tout secours et voyant presque tous ses compagnons morts ou blessés, Mendo consentit enfin à se rendre. Boabdil ordonna de raser sur-le-champ les fortifications, afin qu'elles ne pussent plus servir aux chrétiens.

Après ce premier succès, Boabdil s'empara encore de deux autres forteresses, et envoya de tous les côtés des alfaquis pour sommer les musulmans de venir prendre part à la guerre sainte qu'il venait d'entreprendre. Les Maures de divers lieux, éblouis par cet heureux commencement, se hâtèrent de rompre le serment de fidélité qu'ils avaient prêté à la couronne de Castille, et de lever l'étendard de Boabdil, et le jeune monarque conçut l'espoir de recouvrer toutes les parties de son empire.

Plusieurs chevaliers de Grenade avaient concerté une irruption dans le territoire de Jaën, lorsqu'ils apprirent qu'un riche convoi de marchands se rendait à Baza; ils résolurent de l'attaquer.

Ayant assemblé un certain nombre de cavaliers, armés à la légère, auxquels ils joignirent quelques fantassins, ils sortirent de Grenade pendant la nuit, et après avoir passé la frontière sans rencontrer d'obstacles, ils se montrèrent, comme s'ils étaient tombés des nues, dans le cœur même du pays chrétien.

La frontière montagneuse qui sépare Grenade et Jaën était à cette époque sous le commandement du comte de Tendilla. Ce chevalier avait établi son quartier-général, comme nous l'avons dit plus haut, à Alcala-la-Real, dont la forteresse inexpugnable, comme perchée au sommet d'une montagne, dominait tout le pays, de sorte que rien ne pouvait franchir la frontière à l'insu du comte.

Cette même forteresse était le refuge ordinaire des prisonniers chrétiens qui parvenaient à s'échapper de Grenade à la faveur des ténèbres. Comme ils s'égaraient souvent dans les défilés et risquaient de retomber, au point du jour, entre les mains de leurs ennemis, le comte avait fait bâtir à ses propres frais une tour sur une hauteur, que l'on pouvait voir de la Vega et de tous les environs; un feu y était entretenu pendant toute la nuit comme un fanal à l'entrée d'un port.

Une nuit le comte fut tiré de son sommeil par le cri : *Aux armes! aux armes! le Maure a passé la frontière!* Un soldat chrétien, pâle et défait, portant encore les marques des chaînes de l'esclavage, fut amené devant le gouverneur. Les chevaliers maures, en sortant de Grenade, l'avaient pris pour guide; mais il leur avait échappé dans les montagnes, et après avoir erré longtemps au milieu de l'obscurité, il avait été conduit par la lumière du fanal jusqu'à Alcala.

Après avoir questionné le fugitif, le comte de Tendilla reconnut qu'il n'était plus temps de poursuivre les ennemis, mais il résolut de les bien recevoir à leur retour.

Il choisit parmi ses plus braves soldats cent cinquante lanciers, et descendant avec eux avant le point du jour, il alla se cacher dans le lit d'un torrent desséché près de Barzina, à trois lieues seulement de Grenade, et sur la route que devaient suivre les maraudeurs. En même temps il envoya des éclaireurs sur les points les plus élevés pour l'avertir de l'approche de l'ennemi.

Le jour et la nuit suivante se passèrent sans qu'un seul turban se montrât. Les cavaliers du comte commençaient à s'inquiéter; ils craignaient que les Maures, revenus par une autre route, n'eussent prévenu leurs compatriotes des embûches qu'on leur dressait; en conséquence ils demandèrent à retourner à Alcala.

Le comte persista à attendre, et deux heures avant le jour, des signaux allumés sur quelques tours occupées par les Maures, annoncèrent l'approche des maraudeurs. « Ils viennent au nombre de cent à deux cents hommes, dirent les éclaireurs en rejoignant le comte; mais ils sont embarrassés d'un grand butin et d'une foule de prisonniers. »

Les chrétiens appliquèrent leurs oreilles contre terre, et entendirent facilement le bruit éloigné de la marche des hommes et des chevaux. Ils sautèrent aussitôt en selle, attachèrent leurs boucliers, et, mettant la lance en arrêt, ils se rendirent à l'endroit ou le ravin débouchait sur la route.

Les Maures avaient réussi dans leur entreprise, et revenaient avec un grand nombre de prisonniers des deux sexes, et des mulets chargés des plus riches marchandises. Quand ils se virent près de Grenade, et, à ce qu'ils croyaient, hors de danger, ils ralentirent le pas, et commencèrent à marcher en désordre, les uns chantant, les autres riant aux éclats d'avoir trompé la vigilance si vantée du gouverneur d'Alcala.

Le comte attendit qu'une partie de l'escorte eût passé devant le ravin; puis il donna le signal, et ses cavaliers tombèrent avec fureur, et en poussant de grands cris, sur le centre de l'ennemi. L'obscurité du lieu ajouta à l'effroi causé par la surprise. Les Maures se troublèrent, et ceux qui voulurent résister tombèrent couverts de blessures. Trente-six furent tués, et cinquante-cinq faits prisonniers; le reste s'échappa par les défilés.

Le comte rendit aux captifs leur liberté, aux marchands leurs richesses; et, emmenant avec lui les chevaux qu'il avait pris aux Maures, il se hâta de rentrer à Alcala, où il fut reçu par les habitants avec toutes les démonstrations de la joie la plus vive.

Boabdil ne tarda pas à reconnaître que le territoire de Grenade, déjà ravagé par les chrétiens, et bloqué de tous côtés par des forteresses telles qu'Alcala, ne pouvait longtemps se soutenir par ses propres ressources. Il sentait le besoin d'un port pour communiquer avec l'Afrique; mais toute la côte était au pouvoir des chrétiens.

D'après des rapports qu'il avait reçus, le port de Salobrena lui paraissait le seul qu'il pût espérer de reconquérir. Nous avons déjà eu l'occasion de parler de cette ville, comme d'une place tellement sûre, que les rois maures avaient coutume, dans les temps de danger, d'y mettre leurs trésors. Elle était entourée de murailles épaisses, et située sur un grand rocher, au milieu d'une plaine aussi belle que fertile. Sur le point le plus élevé, se trouvait la citadelle, qui paraissait faire partie du rocher même, et dont les ruines massives excitent encore aujourd'hui l'admiration du voyageur.

La garde de cette importante forteresse avait été confiée à don Francisco Ramirez de Madrid, capitaine général de l'artillerie, et le plus savant de tous les chefs espagnols. Mais il était alors avec le roi à Cordoue, et à sa place commandait un brave chevalier.

Instruit de l'absence de Ramirez, Boabdil espérait s'emparer de l'objet de ses désirs avant que Ferdinand pût s'y opposer; il se mit donc à la tête de forces imposantes, et traversa les montagnes sans s'arrêter.

Les habitants de Salobrena étaient des mudexares; mais quand ils entendirent le bruit des tambours et le son des trompettes maures, quand ils virent les escadrons de leurs compatriotes traverser la plaine, ils oublièrent leur serment, et se sentirent entraînés vers l'étendard de leur nation et de leur foi. Toute la cité s'agita, et la populace ouvrit les portes et introduisit le roi aux cris mille fois répétés de *Vive Boabdil el Chico!*

Trop peu nombreuse pour disputer à l'ennemi la possession de la ville, la garnison se renferma dans la citadelle, et s'y défendit avec courage dans l'espoir qu'elle serait bientôt secourue.

La nouvelle de la prise de Salobrena répandit l'alarme sur toute la côte. Don Francisco Henriquez, oncle de Ferdinand, commandait à Velez-Malaga. Il invita tous les alcaydes de son district à venir avec lui au secours de la forteresse assiégée. Plusieurs chevaliers répondirent à son appel; de ce nombre était Hernando Perez del Pulgar, surnommé *El de las hazanas* (l'homme aux exploits), le même qui avait fait de son mouchoir un étendard pour ranimer le courage de ses compagnons et les mener à la victoire.

Aussitôt que don Francisco vit une petite troupe autour de lui, il partit pour Salobrena. Mais, quoique cette ville ne fût qu'à douze lieues de Velez-Malaga, les chaînes de rochers qui s'élèvent sur les bords de la Méditerranée rendaient la route longue et pénible, et le détachement était harassé quand il arriva. Don Francisco vit avec douleur les forces considérables campées au pied de la citadelle. Les bannières maures étaient déployées sur les remparts de la ville; un seul étendard chrétien flottait sur le haut du donjon.

Dans l'impossibilité où se trouvait don Francisco de secourir les assiégés, il plaça sa petite troupe sur un rocher près de la mer, où elle était à l'abri des attaques de l'ennemi. Mais Hernando Perez, dans une excursion autour du camp des Maures, avait remarqué qu'une poterne du château s'ouvrait du côté le plus escarpé du rocher qui regardait vers la montagne. C'en fut assez pour ce génie entreprenant.

Il communiqua sa pensée à ses compagnons, et soixante-dix d'entre eux offrirent de l'accompagner. Ils se frayèrent une route à travers une partie faible du camp ennemi, parvinrent jusqu'à la poterne, qui leur fut ouverte, et pénétrèrent dans la forteresse avant que l'alarme en fût donnée à l'armée maure.

Ce renfort inattendu ranima le courage de la garnison et aussi les espérances des assiégeants, qui savaient que cette augmentation de forces ne servirait qu'à épuiser plus promptement les citernes de la citadelle, où déjà l'eau commençait à manquer. Pulgar ne crut pouvoir mieux narguer les ennemis qu'en faisant descendre du rocher un seau plein d'eau, et en leur jetant une coupe d'argent, comme pour les inviter à boire.

Cependant la garnison ne souffrait que trop réellement de la soif, et déjà elle craignait que les secours qu'elle attendait n'arrivassent trop tard, quand elle aperçut une petite escadre sous le pavillon castillan, qui s'arrêta près d'une île escarpée et voisine du rivage. Don Francisco Ramirez, car c'était lui qui amenait ces renforts, débarqua sa troupe sur l'île, et s'y trouva aussi fortement posté que dans une forteresse.

Comme sa troupe était trop faible pour tenter le sort d'un combat, il se contenta de harceler l'ennemi, en se joignant à don Francisco Henriquez. Boabdil fut encore embarrassé dans son entreprise par les efforts inutiles qu'il fit pour délivrer le petit port d'Adra, qui, après s'être déclaré en sa faveur, avait été repris par Cidi Yahye. Aussi était-il encore au pied de l'opiniâtre citadelle, quand il apprit que Ferdinand approchait.

Le roi maure, impatient d'en finir, envoya toutes ses forces à un dernier assaut, mais il fut encore repoussé par Pulgar et l'alcayde. Alors, abandonnant le siége avec désespoir, il se hâta de retourner à Grenade, dans la crainte que Ferdinand ne lui coupât la retraite. Pour se consoler de ce mauvais succès, il ravagea tout le pays, et revint avec un butin considérable se reposer dans son palais de l'Alhambra.

A peine était-il rentré dans Grenade, que Ferdinand reparut dans la Vega, à la tête de sept mille chevaux et de vingt mille fantassins. Ce prince était parti de Cordoue pour aller au secours de Salobrena ; mais ayant appris en route que le siége était levé, il retourna sur ses pas, et alla ravager une seconde fois les environs de Grenade.

Tout ce qui avait échappé à la première invasion fut alors si complétement détruit que, dans l'espace de quinze jours, il resta à peine une feuille verte ou un animal vivant sur toute la surface du pays. Les Maures firent encore de fréquentes sorties, et se battirent en désespérés; mais l'œuvre de destruction était accomplie, et Grenade, naguère la reine des jardins, n'était plus entourée que d'un désert.

De là Ferdinand partit pour Guadix, où une conspiration avait éclaté quelque temps auparavant, ainsi qu'à Baza et Almeria. Ces villes avaient secrètement appelé Boabdil, en promettant de se soulever contre les garnisons chrétiennes, et de lui ouvrir leurs portes.

Le marquis de Villena, instruit du complot, se jeta subitement dans Guadix avec des forces considérables, et, sous prétexte de faire le recensement de la population, il fit sortir tous les habitants dans les champs. Lorsque tous ceux qui étaient en état de porter les armes furent ainsi hors des murs, il commanda de fermer les portes. Puis il leur permit de rentrer deux à deux ou trois à trois, afin d'emmener leurs femmes, leurs enfants et leurs effets.

Lorsque Ferdinand arriva, il trouva les malheureux Maures dans les cabanes qu'ils avaient construites dans les jardins. Ils se plaignirent amèrement de la ruse employée contre eux.

— Mes amis, leur répondit le roi, je sais qu'un complot a été formé parmi vous pour tuer mon alcayde et ma garnison, et pour remettre la place entre les mains du roi de Grenade. Je viens reconnaître les coupables et les punir ; ceux qui sont innocents pourront retourner dans leurs demeures. Cependant, comme je désire agir avec miséricorde aussi bien qu'avec justice, je vous laisse le choix de partir et d'emmener vos familles et vos effets, ou de me livrer les traîtres qui recevront tous, je vous en donne ma parole royale, le châtiment qu'ils ont mérité.

La plupart des habitants se sentant coupables, ou craignant d'être regardés comme tels, préférèrent tous abandonner leurs foyers; et ainsi Guadix fut entièrement délivrée de la présence des Maures. Il en fut de même à Baza, à Almeria et en d'autres villes. Le plus grand nombre des habitants se retirèrent en Afrique, et l'on permit à ceux qui restèrent de s'établir dans des villages, des hameaux et autres lieux non fortifiés.

Pendant que Ferdinand était ainsi occupé à Guadix, le vieux monarque El Zagal se présenta levant lui, les yeux hagards, la figure bouleversée. Il avait éprouvé qu'il n'était pas plus facile de gouverner son petit territoire et ses deux mille sujets, qu'autrefois le royaume de Grenade.

Depuis qu'il était revenu de sa dernière expédition contre Boabdil, suivi des exécrations du peuple de la capitale, le charme qui attachait les Maures à sa personne s'était rompu. A peine ses nouveaux sujets eurent-ils entendu parler des succès de son neveu, qu'ils prirent les armes et se déclarèrent pour le jeune monarque. El Zagal n'avait échappé que difficilement à leur fureur, et cette dernière leçon de l'infortune paraissait l'avoir guéri entièrement de son ambition.

Il venait donc prier Ferdinand de lui acheter toutes les possessions qu'il tenait de sa générosité. Le roi y consentit, et El Zagal passa en Afrique avec ses trésors et plusieurs familles maures *.

* Le règne court et orageux et la fin misérable d'El Zagal, pourraient servir de leçon à ceux qu'entraîne une ambition immodérée, si cette passion ne rendait pas l'homme aveugle et incapable de se corriger.

En arrivant en Afrique, El Zagal, au lieu d'y rencontrer de la sympathie, fut arrêté et jeté dans les fers par le roi de Fez. Accusé des malheurs et de la chute du royaume de Grenade, il fut condamné à une cécité perpétuelle. Un bassin de cuivre, rougi au feu, fut passé devant ses yeux, et le priva entièrement de la vue. Ses trésors, seule cause peut-être de cet acte de cruauté, furent confisqués, et on l'abandonna à son triste sort. Il traversa la Tingitanie et arriva à Velez-de-Gomera, dont le roi avait ét autrefois son allié.

Le prince africain fut ému de compassion en le voyant dan cet état de pauvreté et de souffrance; il lui donna des vêtement et de la nourriture, et lui permit de rester dans ses états. E Zagal traîna encore pendant bien des années sa misérable exis tence. On le voyait errer désolé, et portant sur ses vêtements u parchemin sur lequel étaient écrits ces mots : « Je suis l'infor tuné roi d'Andalousie. »

CHAPITRE XXXIV.

Préparatifs de défense à Grenade. — Isabelle rejoint l'armée. — Défi insolent d'un Maure. — Nouvel exploit de Perez del Pulgar.

« Comme ta puissance est tombée, ô Grenade! comme ta beauté s'est flétrie, ô ville des bosquets et des fontaines! Le commerce qui jadis animait tes rues, les a laissées désertes; on ne voit plus arriver à tes portes le marchand chargé des richesses des climats étrangers. Les villes qui te payaient des tributs ne te reconnaissent plus, et les nobles chevaliers qui remplissaient ta vivarrambla de leurs jeux guerriers sont tombés dans les combats. L'Alhambra élève encore ses murailles rouges du milieu des bosquets, mais la mélancolie siége dans ses salles de marbre; et, de ses balcons, le monarque ne voit plus qu'une plaine dévastée aux lieux où naguère la Vega étalait ses trésors! »

Telles sont les lamentations des écrivains maures sur le déplorable état de Grenade, qui ne conservait plus qu'une ombre de son ancienne grandeur. Toutes les récoltes de l'année avaient été détruites, et le laboureur ne se sentait plus le courage de cultiver ses champs, persuadé qu'il ne recueillerait point le fruit de ses travaux.

Pendant l'hiver, Ferdinand fit tous les préparatifs pour la dernière campagne qui devait décider du sort de Grenade, et le 11 avril 1491, il partit avec la reine, résolu de ne prendre aucun repos jusqu'à ce qu'il eût planté l'étendard de la croix sur les tours de l'Alhambra.

Il menait avec lui une armée de quarante mille hommes d'infanterie et de dix mille chevaux, et comptait au nombre de ses capitaines, le marquis de Cadiz, le maître de Saint-Iago, le marquis de Villena, les comtes de Tendilla, de Cifuentes, de Cabra et d'Urena, et don Alonzo de Aquilar. Isabelle se retira avec ses enfants à Alcala-la-Real, et y demeura pour envoyer à l'armée les approvisionnements nécessaires.

Le 23 avril, la tente du monarque espagnol fut dressée dans un village appelé *Los Ojos-de-Huescar,* à une lieue et demie environ de Grenade. Boabdil assembla son conseil dans l'Alhambra', d'où l'on pouvait distinguer les escadrons ennemis. La consternation la plus grande régnait sur tous les visages, et plusieurs membres allèrent jusqu'à engager Boabdil à s'abandonner à la générosité de Ferdinand.

Alors Muza se leva et dit : « Pourquoi nous livrer au désespoir ? Le sang de ceux qui ont conquis l'Espagne coule encore dans nos veines. Soyons constants, et la fortune se rangera de notre côté. Nous avons de vieilles troupes et vingt mille jeunes gens dans la force de l'âge, qui, j'en suis sûr, rivaliseront de courage avec les plus anciens guerriers. Manquons-nous de provisions ? Ravageons le pays de ces musulmans apostats, qui se sont rendus aux chrétiens, et bientôt l'abondance règnera dans nos murs. »

— Faites ce qui est nécessaire, reprit Boabdil, enflammé par ces paroles, et s'adressant à ses commandants : Vous êtes les protecteurs de ce royaume ; et, avec l'aide d'Allah, vous vengerez notre religion et notre malheureuse patrie.

Muza, chargé du commandement de la cavalerie, rallia autour de lui tous les jeunes chevaliers, et fit rouvrir toutes les portes de la ville, qu'on avait fermées à la première apparition de l'armée chrétienne. « C'est à mes chevaliers et à moi, dit-il, que la défense des portes est confiée, nos corps doivent seuls leur servir de barrières. »

Quoique Grenade fût dépouillée de son ancienne gloire, ses remparts massifs semblaient encore défier toutes les attaques. Elle avait réuni dans ses murs tout ce qui lui restait d'illustres chevaliers, ainsi que les débris des armées qui avaient si longtemps disputé le territoire aux chrétiens ; et, maintenant que sa dernière heure approchait, elle avait pris un aspect formidable.

Pour épargner le sang de ses guerriers, Ferdinand résolut de réduire Grenade par la famine. Il fallait d'abord mettre le camp à l'abri des attaques des ennemis, qui devenaient d'autant plus téméraires, que les secours venant du dehors diminuaient de jour en jour. On l'entoura de fossés profonds et de solides remparts.

Le camp était de forme carrée, et divisé par rues comme une ville. Les troupes occupaient des tentes ou des cabanes construites avec des branchages. Quand il fut achevé, Isabelle vint avec toute sa cour, et fut reçue au milieu des cris de joie de toute l'armée.

Cependant l'arrivée de la reine, qui annonçait assez la résolution irrévocable des souverains, de ne point abandonner le siége avant la reddition de la ville, n'abattit point le courage de la chevalerie maure. « Nous n'avons plus rien à défendre que le terrain que nous foulons sous nos pieds, disait Muza. Lorsque nous l'aurons perdu, il ne nous restera plus ni patrie, ni rien, pas même notre nom. »

Les cavaliers maures venaient presque tous les jours porter des défis à la jeune chevalerie espagnole, et ces combats ressemblaient plutôt aux luttes d'un tournoi qu'à des rencontres entre ennemis. Ferdinand jugea à propos de les interdire à son armée, comme inutiles et parfois dangereux.

Les Maures essayèrent alors divers autres moyens de provoquer les chrétiens au combat. Ils s'avançaient quelquefois en troupe jusqu'à la lisière du camp, et y jetaient leur lance avec un écrit renfermant un insultant défi. Ces bravades causèrent beaucoup d'irritation parmi les guerriers espagnols; mais la défense du roi les retint.

Au nombre des cavaliers maures était un nommé Tarfe, connu par sa force et son audace. Un jour, s'étant approché du camp espagnol avec ses compagnons, il prit les devants, franchit les barrières, et galopant jusqu'au quartier de Ferdinand, il jeta sa lance, qui resta fixée en terre, tout près du pavillon royal. Les gardes sortirent aussitôt pour le poursuivre; mais déjà les cavaliers ennemis étaient loin du camp. En retirant la lance, on y trouva un billet annonçant qu'elle était destinée pour la reine.

Hernando Perez del Pulgar, *l'homme aux exploits*, avait été témoin de cette insolence. La nuit suivante, il sortit du camp avec quinze autres cavaliers aussi vigoureux qu'intrépides, et, approchant de la ville avec précaution, il trouva une poterne, ouvrant sur le Darro, et qui était gardée par des fantassins presque tous endormis. Il la força; et, tandis que ses compagnons luttaient avec les gardes, Hernando donna de l'éperon à son cheval, et traversa la ville à bride abattue.

Arrivé à la principale mosquée, il mit pied à terre, et s'étant agenouillé devant le portail, il déclara qu'il prenait possession de l'édifice, comme devant être converti en église, et consacré à la Mère du Sauveur. En témoignage de cette cérémonie, il prit une tablette qu'il avait apportée avec lui, et sur laquelle étaient tracées en grandes lettres ces mots : *Ave Maria;* il la cloua avec son poignard sur la porte de la mosquée. Puis il remonta à cheval, et reprit au galop le chemin de la poterne.

On avait donné l'alarme; des soldats se rassemblaient de tous les côtés; tout le monde s'étonnait de voir un cavalier chrétien parcourir la ville. Hernando continua son chemin à travers la foule, renversant les uns, tuant les autres, et après avoir rejoint ses compagnons qui avaient gardé la poterne, il s'en retourna au camp avec eux *.

* La mosquée fut convertie en cathédrale après la prise de la ville. En souvenir de l'exploit de Hernando, Charles-Quint accorda dans la suite à cet intrépide guerrier ainsi qu'à ses descendants, le droit d'être enterrés dans cette église, et le privilége de

s'asseoir dans le chœur pendant les offices. Ce Hernando ou Fernando Perez del Pulgar était aussi homme de lettres. Il écrivit une histoire abrégée des exploits de Gonzalve de Cordoue, dont il avait été l'un des compagnons d'armes, et dédia son ouvrage à Charles V.

CHAPITRE XXXV.

L'escarmouche de la reine. — Incendie du camp. — Derniers ravages devant Grenade.

Le camp royal était encore à une telle distance de Grenade que l'on ne pouvait avoir du lieu où il était situé que l'aspect général de la ville s'élevant gracieusement du milieu de la Vega. Isabelle exprima le désir de voir de près cette ville si renommée par sa beauté, et le marquis de Cadiz, avec sa courtoisie accoutumée, offrit de l'accompagner, suivi d'une escorte nombreuse, elle et ses dames.

Ce fut le lendemain de l'exploit de Pulgar que le cortége sortit du camp et traversa avec pompe la Vega, aux sons d'une musique guerrière. Au centre marchaient le roi, la reine, le prince et les princesses et toutes les dames de la cour. Ce magnifique spectacle excita parmi les Maures une admiration mêlée de crainte, car il réunissait le luxe des palais au menaçant appareil des camps.

Le cortége se dirigea vers le hameau de Zubia, sur la crête des montagnes à la gauche de Grenade, d'où la vue pouvait s'étendre sur l'Alhambra et sur le plus beau quartier de la cité. Les troupes se rangèrent en bataille au-dessus et au-dessous du hameau, et, ainsi gardée, la royale compagnie put, du haut de la terrasse d'une maison, jouir en sûreté de la perspective de Grenade.

Les Maures, voyant les chrétiens rangés en ligne dans la plaine, s'imaginèrent qu'on voulait leur offrir la bataille, et n'hésitèrent point à l'accepter. Au bout de quelques instants, la reine vit un corps de cavalerie maure s'approcher rapidement du hameau. C'était l'escadron favori de Muza, que suivaient d'autres troupes de cavaliers et des légions d'infanterie.

Isabelle envoya aussitôt la défense au marquis de Cadiz d'accepter aucun défi, ne voulant pas que sa curiosité coûtât la vie à personne, et le marquis promit d'obéir, quoique ce fût à son grand regret. Les Maures, étonnés de l'inaction de leurs ennemis, s'approchèrent de plus près et lancèrent quelques flèches. Les chrétiens restèrent immobiles.

Tout à coup de grands cris mêlés de rires s'élevèrent à la porte de la ville. Un cavalier maure en sortait, armé de pied en cap et ayant la visière baissée. A sa devise on reconnaissait Tarfe, le plus insolent et le plus redoutable des guerriers musulmans, le même que nous avons vu jeter dans le camp espagnol sa lance adressée à la reine. Quelle fut l'indignation des chrétiens quand ils virent attachée à la queue de son cheval et traînant dans la poussière la même tablette que Hernando Perez avait clouée à la porte de la mosquée !

Hernando ne se trouvait pas là ; mais un de ses jeunes compagnons d'armes, Garcilasso de la Vega, partit aussitôt au galop pour le hameau de Zubia, et se jetant aux pieds du roi, il le supplia de lui permettre d'accepter le défi de l'insolent infidèle et de venger l'affront fait à la mère de Dieu.

La demande était trop pieuse, pour qu'elle pût être refusée. Garcilasso remonta à cheval, ferma son casque, orné de quatre plumes noires, saisit son bouclier et sa lance, et courut au-devant du Maure.

Tarfe était mieux armé et d'une taille beaucoup plus haute que Garcilasso : aussi les chrétiens tremblèrent-ils pour leur champion. Le premier choc fut terrible ; les deux lances volèrent en éclats. Garcilasso renversé sur la croupe de son cheval parcourut un long espace avant de pouvoir se remettre en selle et retourner au combat.

Les deux cavaliers combattirent alors avec l'épée. Bientôt le sang coula des nombreuses blessures qu'ils reçurent l'un et l'autre. Le Maure, voyant son adversaire fatigué, le saisit et voulut l'arracher de la selle. Ils tombèrent tous deux par terre. Tarfe posa son genou sur la poitrine de l'Espagnol, et brandissant son poignard il allait le tuer, lorsque lui-même roula sans vie dans la poussière, Garcilasso lui ayant percé le cœur d'un coup d'épée, à l'instant où il levait le bras.

Garcilasso dépouilla son ennemi, et après avoir fixé la tablette à la pointe de son épée, il l'emporta en triomphe au milieu des acclamations de l'armée.

Le soleil était arrivé au milieu de sa course. Alors Muza suivi d'un corps considérable de cavalerie et d'infanterie, tomba avec tant de force sur l'avant-garde des chrétiens, qu'il la repoussa jusque sur le bataillon du marquis de Cadiz. Le marquis, ne se croyant plus tenu à l'obéissance aux ordres de la reine, donna le signal de l'attaque, et au cri de *Saint Iago!* il s'avança avec ses douze cents lances. Les autres chevaliers suivirent son exemple, et bientôt l'action devint générale.

A cette vue, le roi, son épouse et toute sa cour se jetèrent à genoux pour implorer le secours de Marie. Leur confiance dans la protection de cette auguste Vierge ne fut point trompée. La férocité des Maures se calma soudainement ; une terreur panique s'empara de l'infanterie, et malgré les efforts de Muza pour la rallier, elle prit la fuite.

Les chrétiens poursuivirent l'ennemi jusqu'aux portes de Grenade, et lui firent éprouver une perte de plus de deux mille hommes, tués, blessés ou pris.

Telle fut l'action courte mais sanglante que les chrétiens appelèrent l'*escarmouche de la Reine* : car lorsque le marquis de Cadiz se présenta devant Isabelle pour s'excuser d'avoir transgressé ses ordres, il attribua galamment à sa seule présence la victoire dont elle venait d'être témoin *.

Il restait encore une ceinture de vergers et de jardins autour de Grenade le long des bords du Xenil et du Darro, qui contribuaient à la subsistance des habitants dans les temps de disette. Ferdinand résolut de porter la dévastation jusqu'aux murs de la place.

Le soir d'une belle journée de juillet, tout était en mouvement dans le camp : le lendemain devait avoir lieu l'expédition projetée par le roi, et

* En mémoire de ce succès qu'elle attribuait à la protection divine, Isabelle fit dans la suite bâtir, au village de Zubia, un couvent qui existe encore, et dans lequel se voit un laurier planté des mains de la princesse. La maison d'où les souverains contemplèrent la bataille est encore aussi debout. Elle est habitée par un digne fermier qui, en la faisant voir, refuse toute récompense avec un véritable orgueil espagnol. Il offre au contraire l'hospitalité aux étrangers. Ses enfants connaissent toutes les anciennes ballades espagnoles sur les exploits de Hernando Perez et de Garcilasso.

l'on s'attendait à une résistance désespérée de la part des Maures.

Les derniers rayons du soleil éclairaient encore les sommets des tentes, qui, surmontées de leurs bannières et de leurs banderoles, pouvaient être comparées aux minarets de la ville assiégée. Au-dessus de toutes les autres s'élevait, comme un superbe palais, la tente occupée par la reine et qui appartenait au marquis de Cadiz.

Cette tente était la plus complète et la plus brillante qu'il y eût dans toute la chrétienté. Le centre était occupé par un majestueux pavillon dans le goût oriental, dont les riches draperies étaient soutenues par des colonnes de lances, ornées de trophées militaires. A ce pavillon central se rattachaient d'autres compartiments, dont quelques-uns en toiles peintes et doublées de soie, séparés les uns des autres par des rideaux.

A mesure que la soirée avançait, le bruit s'apaisait dans le camp, et le roi s'étant retiré de bonne heure, pour se lever au chant du coq, tout le monde se livra au repos.

La reine, agenouillée dans sa tente, faisait sa prière, lorsque soudain elle fut surprise par un vif éclat de lumière et par une fumée suffocante. En un instant la tente fut en feu, et le vent chassant la flamme d'un bout à l'autre, l'incendie eut bientôt envahi le camp tout entier qui n'offrit plus que trouble et confusion.

Isabelle avait eu à peine le temps de se sauver. Inquiète pour son époux, elle courut vers sa tente; mais déjà le monarque en était sorti tenant son épée à la main et sa cuirasse sous le bras, car il avait cru que les Maures attaquaient les retranchements.

Quand on se fut assuré que l'incendie n'avait pas été allumé par les Maures, on craignit qu'ils ne profitassent du désordre que cet accident avait causé. Le marquis de Cadiz sortit donc avec trois mille hommes de cavalerie pour s'opposer aux tentatives qu'ils pourraient faire.

Les flammes continuaient de s'élever, et l'air se remplissait d'étincelles et de cendres. Tout le firmament était illuminé, et, à la lueur de l'incendie, le marquis put voir briller sur les remparts de Grenade les armes d'une foule de curieux, accourant de tous côtés. Cependant aucun guerrier ne sortait des portes : les Maures craignaient quelque stratagème et se tenaient tranquilles derrière leurs murs. Peu à peu l'incendie se calma, la ville disparut dans les ténèbres, tout rentra dans le silence, et le marquis retourna au camp avec sa troupe.

Lorsque le jour parut, il ne restait plus des magnifiques pavillons, qui la veille faisaient l'ornement du camp, que des cendres mêlées de casques, de cuirasses et d'autres objets de guerre avec des masses d'or et d'argent fondus. On apprit seulement alors que l'incendie avait été occasionné par l'imprudence d'une dame de la reine qui avait placé une bougie trop près des tentures.

Les Maures avaient contemplé ce désastre avec étonnement et inquiétude ; mais à peine eurent-ils appris par leurs éclaireurs, la confusion qui régnait parmi les chrétiens, qu'ils virent ces derniers s'avancer avec leurs bannières déployées et aux sons de la musique, comme si la nuit précédente s'était passée dans l'ivresse de la joie, plutôt que dans le trouble de la terreur.

L'armée chrétienne s'était déjà approchée de la ville et dévastait les jardins, quand Boabdil sortit, entouré de tous ses chevaliers. La population tout entière garnissait les tours et les remparts, et attendait avec anxiété la fin de ce jour si gros d'événements.

Les guerriers maures se sentaient animés d'un courage plus qu'ordinaire. Ils voyaient la guerre portée jusqu'au pied de leurs murs, et c'était en présence de leurs femmes, de leurs enfants, de tout ce qu'ils avaient de plus cher, qu'ils allaient combattre dans les lieux témoins des jeux de leur enfance et de leurs plaisirs domestiques.

Le combat s'engagea ; chaque verger, chaque jardin devint le théâtre d'une lutte sanglante. Chaque pouce de terrain était défendu d'un côté avec le courage du désespoir, et n'était conservé de l'autre par les chrétiens qu'au prix du sang. La cavalerie de Muza était partout, et partout elle donnait une nouvelle ardeur au combat. Le soldat maure, épuisé par la fatigue et les blessures, se sentait rappelé à la vie à l'aspect de Muza, et le mourant tournait encore les yeux vers lui, et le bénissait.

Cependant les chrétiens s'étaient emparés de quelques tours près de la ville et pressaient vivement les Maures. Boabdil, à la tête de sa garde, s'efforçait d'encourager l'infanterie. Mais saisis, comme il leur arrivait souvent, d'une peur panique, les fantassins abandonnèrent tout à coup leur roi et prirent la fuite. Boabdil allait tomber dans les mains des chrétiens, lorsque tournant bride, lui et ses cavaliers s'enfuirent aussi jusque dans la ville.

Muza essaya en vain de ramener l'infanterie en lui rappelant qu'elle combattait pour ses foyers, pour sa patrie ; rien ne put la retenir. Muza voulut alors conserver le terrain avec sa cavalerie ; mais elle n'en était plus capable, et il fut obligé de se retirer vers la ville, le cœur gonflé d'indignation et de désespoir. Quand il fut rentré dans la place, il ordonna de fermer les portes, car il ne se fiait plus aux archers et aux arquebusiers qui en avaient la garde.

Au même instant l'artillerie commença à tonner du haut des remparts. Ferdinand donna le signal de la retraite, et retourna en triomphe aux ruines de son camp, laissant la superbe Grenade enveloppée dans la fumée de ses jardins et entourée des cadavres de ses enfants.

CHAPITRE XXXVI.

Construction de la ville de Santa-Fé. — Désespoir des Maures. — Capitulation de Grenade.

Depuis que les Maures s'étaient renfermés dans leurs murs, non-seulement ils ne firent plus de sortie, mais encore le son des trompettes et le bruit du tambour, qui naguère retentissaient continuellement dans l'intérieur de cette ville guerrière, ne se firent plus entendre que très-rarement sur les remparts. Ils espérèrent pendant quelque temps qu'à l'approche des pluies d'automne, les chrétiens se retireraient; mais les mesures que prirent Ferdinand et Isabelle firent évanouir ces espérances.

Les souverains espagnols donnèrent l'ordre de construire une ville régulière sur l'emplacement qu'avait occupé le camp. Neuf des principales villes d'Espagne furent chargées de cette gigantesque entreprise, et rivalisèrent ensemble avec un zèle digne de la cause qui en avait donné l'idée.

Au même endroit, où peu de temps auparavant on ne voyait que des tentes et de légers pavillons, s'éleva rapidement une belle cité, pleine d'édifices solides et entourée d'épaisses murailles. La ville était traversée par deux rues principales qui se croisaient et aboutissaient à quatre portes. Au centre était une place assez vaste pour contenir toute l'armée.

On proposa de donner à cette ville le nom d'Isabelle, nom si cher à l'armée et à la nation ; mais cette pieuse princesse, se rappelant la sainte cause pour laquelle on l'avait construite, voulut qu'on la nommât *Santa-Fe*, ou *Sainte-Foi;* et elle existe encore de nos jours comme un monument de la piété et de la gloire des souverains catholiques.

Pendant que la nouvelle ville se remplissait de marchands et de richesses, Grenade, toujours triste et désolée, commençait à éprouver les horreurs de la famine. L'automne arriva, mais sans récoltes, et l'hiver approchait. Le peuple se rappela ce qui avait été prédit par les astrologues à la naissance de Boabdil, ainsi que tout ce qui avait été annoncé sur le sort de Grenade à l'époque de la prise de Zahara, et il tomba dans le plus profond découragement.

Boabdil, alarmé par les dangers du dehors et par les clameurs d'un peuple affamé, convoqua un conseil composé des principaux officiers de l'armée, des alcaydes des forteresses, des xèques ou sages de la ville, et des alfaquis ou docteurs de la foi. Ils s'assemblèrent dans la grande salle d'audience de l'Alhambra, et le désespoir était peint sur leurs traits. Boabdil leur demanda ce qu'il fallait faire dans l'extrémité où ils se trouvaient.

— Nous rendre! fut leur réponse.

— Nos greniers, ajouta le gouverneur de la ville, sont presque entièrement épuisés, et nous n'avons plus aucun secours à espérer. La nourriture destinée aux chevaux est donnée aux soldats, et les chevaux eux-mêmes sont tués pour nourrir les hommes. Sur sept mille coursiers que nous pouvions autrefois envoyer au combat, il ne nous en reste plus que trois cents. Grenade renferme deux cent mille habitants, jeunes et vieux, et ce sont autant de bouches qui demandent du pain.

Le cœur de Boabdil s'émut; il garda un morne silence. Il avait entretenu jusqu'alors une faible lueur d'espérance, qu'il serait secouru par le soudan d'Égypte ou par les puissances barbaresques; mais cet espoir s'était évanoui, car il ne possédait plus un seul port. Les conseillers, voyant le roi ébranlé, unirent leurs voix pour l'exhorter à capituler.

— C'est trop tôt parler de soumission, dit Muza en les interrompant; nos moyens de résistance ne sont point épuisés, nous avons encore une source de force, terrible dans ses effets, et qui souvent a fixé la victoire : c'est notre désespoir. Soulevons la masse du peuple, donnons-lui des armes, et combattons jusqu'à la dernière extrémité, jusqu'à la mort. Je suis prêt à m'élancer le premier au milieu des escadrons ennemis, et j'aime mieux être cité parmi les braves morts en défendant Grenade, que parmi les lâches qui survivront pour la livrer!

Les paroles de Muza restèrent sans effet, car elles s'adressaient à des hommes découragés ou instruits par l'expérience. Boabdil se rangea de l'avis de la majorité, et députa le gouverneur de Grenade aux souverains chrétiens pour traiter de la capitulation.

Le vieux gouverneur fut reçu avec beaucoup de distinction par Ferdinand et Isabelle, qui chargèrent Gonzalve de Cordoue et Fernando de Zafra de traiter avec lui.

Toute la ville de Grenade attendait dans l'anxiété le résultat des négociations. Enfin le gouverneur revint avec les dernières conditions des souverains catholiques.

« Ils consentaient à suspendre les hostilités
» pendant soixante-dix jours, et si au bout de ce

» temps le roi maure ne recevait aucun secours, » il leur remettrait la ville.

» Tous les captifs chrétiens devaient être dé- » livrés sans rançon.

» Boabdil et ses principaux chevaliers devaient » prêter serment de fidélité à la couronne de Cas- » tille, et certains domaines dans les Alpuxarras » seraient assignés pour la subsistance du mo- » narque maure.

» Les habitants de Grenade deviendraient su- » jets des souverains espagnols et conserveraient » leurs biens, leurs chevaux et leurs armes, ex- » cepté l'artillerie. Ils seraient protégés dans » l'exercice de leur culte, gouvernés par leurs » propres lois et administrés par des cadis de » leur religion, sous l'autorité des gouverneurs » nommés par les souverains. Ils seraient exempts » de tout tribut pendant trois ans, au bout des- » quels ils paieraient les mêmes impôts qu'ils » avaient coutume de payer à leurs anciens mo- » narques.

» Ceux qui, dans le courant de ces trois an- » nées, désireraient se retirer en Afrique, y se- » raient transportés sans aucuns frais avec leurs » familles et leurs effets.

» Pour l'exécution de ces articles, les souve- » rains catholiques demandaient quatre cents » otages des principales familles, qui seraient

» rendus après la prise de possession de la ville.
» Le fils du roi de Grenade et tous les autres
» otages qui se trouvaient déjà dans les mains
» des vainqueurs devaient être rendus en même
» temps. »

Au moment de signer ces conditions, plusieurs membres du conseil fondirent en larmes. Muza conservait seul une fermeté inaltérable.

— Laissons, dit-il, les vaines lamentations aux enfants et aux femmes. Nous sommes des hommes : ce n'est pas des larmes, mais du sang que nous devons verser. Le peuple n'a plus le courage de tenter un dernier effort ; mais les cœurs généreux ont un dernier espoir.... celui d'une mort glorieuse. Mourons en défendant notre liberté ! la terre, notre mère commune, recevra ses enfants dans son sein, où ils n'auront plus à craindre les chaînes des vainqueurs ; ou bien si quelqu'un de nous ne trouve pas de sépulcre, le ciel couvrira sa dépouille mortelle. Qu'Allah nous préserve de voir les nobles de Grenade hésitant à mourir pour la religion et la patrie !

Muza cessa de parler, et un silence profond régna dans l'assemblée. Boabdil, promenant autour de lui un regard inquiet, ne rencontra que des hommes abattus, dans le cœur desquels tout enthousiasme était mort, toute sensibilité éteinte.

— Allah Achbar ! s'écria-t-il, Dieu est Dieu,

et Mahomet est son prophète! C'est en vain que nous voulons lutter contre la volonté du ciel ; je reconnais qu'il est écrit dans le livre de la destinée que je dois être malheureux et que le royaume doit périr sous mon règne.

— Dieu est grand! répétèrent les visirs et les alfaquis ; que la volonté de Dieu soit faite!

Quand Muza vit ses collègues sur le point de signer le traité, il se leva, transporté d'indignation, quitta la salle du conseil, traversa tristement la cour des Lions et rentra chez lui. Là il s'arma de toutes pièces, monta son coursier favori et disparut par la porte d'Elvire; et jamais, depuis lors, on n'a entendu parler de lui.

Cependant, le soir de cette même journée, une troupe de cavaliers andalous rencontra sur les bords du Xenil un guerrier maure, ayant la visière baissée, la lance en arrêt et monté sur un coursier tout armé de fer comme lui. On lui cria de déclarer qui il était ; il ne répondit point, mais se jetant au milieu des cavaliers, il perça de sa lance et renversa leur chef.

Il attaqua ensuite les autres avec son cimeterre, et tous les coups qu'il porta furent mortels. Insensible à ses propres blessures, il était évident qu'il ne cherchait qu'à mourir. A la fin il fut lui-même blessé mortellement, et son cheval, atteint d'un coup de lance, s'abattit sous lui.

Les chrétiens, admirant sa valeur, auraient voulu épargner sa vie, mais il continua de combattre à genoux. Bientôt, sentant ses forces défaillir et ne voulant pas être fait prisonnier, il fit un dernier effort et se précipita dans le Xenil, où le poids de son armure l'entraîna sous les eaux.

Selon l'opinion de quelques Maures convertis, qui reconnurent son cheval, ce guerrier inconnu était Muza; mais ce fait n'a jamais été éclairci.

CHAPITRE XXXVII.

Troubles dans la ville de Grenade. — Elle ouvre ses portes aux vainqueurs.

La capitulation pour la reddition de Grenade fut signée le 25 novembre 1491, et toutes les hostilités cessèrent. Les chrétiens et les Maures purent de nouveau se mêler avec courtoisie sur les rives du Xenil et du Darro, où quelques jours auparavant leur rencontre eût été marquée par le sang.

En attendant, comme les Maures pouvaient recevoir dans l'espace de temps qui leur était accordé des secours du dehors, Ferdinand continua de surveiller strictement la ville, et donna l'ordre aux garnisons qui occupaient les ports, ainsi qu'à ses croiseurs dans le détroit de Gibraltar, de s'opposer vigoureusement à toute intervention du soudan d'Egypte ou des princes barbaresques.

Mais ces puissances étaient trop embarrassées de leurs propres guerres, ou trop intimidées par les succès des armes espagnoles, pour soutenir une cause désespérée, et les malheureux Maures de Grenade furent abandonnés à leur destinée.

Le mois de décembre touchait à sa fin, la famine devenait extrême, et il n'y avait plus aucun espoir d'un événement favorable dans le terme fixé par le traité. Boabdil ne put voir les misères de son peuple se prolonger plus longtemps; du consentement de son conseil, il résolut de rendre la ville le 6 janvier suivant.

Le 30 décembre, il envoya à Ferdinand son grand-visir, Jusef-Aben-Comixa, avec les quatre cents otages, pour faire connaître ses intentions à ce monarque, et lui offrir en présent un magnifique cimeterre et deux coursiers arabes richement caparaçonnés.

Le lendemain, le santon ou derviche, Hamet-Aben-Zarah, le même qui, par ses prophéties, avait causé des troubles dans des occasions précédentes, reparut tout à coup. A sa maigreur excessive on l'eût pris pour un squelette; ses yeux flamboyants roulaient dans leurs orbites creux, et lui donnaient un aspect effrayant.

Il harangua la populace, accusant le roi et les nobles de n'être musulmans que de nom, et exhorta les habitants à faire une sortie contre les chrétiens, parce qu'Allah avait décrété qu'ils remporteraient une victoire signalée.

Plus de vingt mille de ses auditeurs coururent aux armes, et commencèrent à parcourir les rues en poussant des cris séditieux. Les maisons et les boutiques furent fermées ; Boabdil lui-même dut se cacher dans l'Alhambra.

Ces troubles continuèrent tout le long du jour et une partie de la nuit. La faim et une tempête les apaisèrent, et quand l'aurore parut, le fanatique santon qui les avait soulevés ne se retrouva plus. Peut-être avait-il été enlevé par les émissaires du roi ou par les magistrats de la ville.

Boabdil sortit pour lors de sa retraite, accompagné de ses principaux officiers, et harangua le peuple. Après avoir exposé la nécessité d'une prompte capitulation, et l'inutilité d'une plus longue défense, les otages ayant déjà été envoyés aux souverains chrétiens ; il continua ainsi avec l'accent de la plus vive douleur :

— C'est le crime que j'ai commis en me révoltant contre mon père qui a causé tous les maux du royaume ; mais Allah a fait retomber tous mes péchés sur ma tête. C'est pour vous, ô mon peuple, que j'ai consenti à ce traité ; pour vous protéger vous-mêmes contre le fer, vos enfants contre la famine, vos femmes et vos filles contre les outrages de la guerre, et pour vous assurer la jouissance de vos biens, de votre liberté, de vos lois, de votre religion, sous un souverain plus heureux que celui que le destin a condamné à l'infortune.

L'inconstante populace fut touchée de l'humilité de ces paroles, et elle se soumit. On entendit même quelques cris de : *Vive Boabdil l'Infortuné!* et chacun retourna tranquillement à sa demeure.

Boabdil fit aussitôt instruire Ferdinand des troubles qui venaient d'avoir lieu ; de crainte que ces désordres ne se renouvelassent, il offrit de remettre la ville le lendemain. Les souverains castillans y consentirent.

Ce fut une nuit bien douloureuse que celle qui vit la maison de Boabdil faire ses adieux au délicieux séjour de l'Alhambra ! On chargea à la hâte tous les trésors sur des mulets, et les appartements furent dépouillés par leurs propres habitants qui fondaient en larmes.

Avant le point du jour une troupe silencieuse de cavaliers s'esquiva du palais par une poterne, passa par les quartiers les plus retirés et sortit de la ville. C'était la famille du malheureux monarque que son chef renvoyait ainsi en secret pour lui épargner les regards des railleurs et la vue du triomphe de l'ennemi. Elle était accompagnée de tous les anciens serviteurs du palais, et d'une escorte peu nombreuse, mais dévouée, de vieux guerriers maures.

La population dormait encore, lorsque ce triste cortége traversa la cité. La garde de la porte versa des larmes en l'ouvrant aux nobles fugitifs. Ceux-ci continuèrent leur route sur les bords du Xenil et s'arrêtèrent dans un hameau peu éloigné, où Boabdil devait les rejoindre.

Quand le soleil éclaira les sommets de la Sierra, un détachement espagnol, commandé par des chevaliers distingués, qu'accompagnait Hernando de Talavera, évêque d'Avila, traversa la montagne des Martyrs et s'avança vers une poterne de l'Alhambra pour en prendre possession ; il avait été stipulé dans le traité que ce détachement ne passerait pas par la ville.

Boabdil alla à sa rencontre, suivi d'un petit nombre de chevaliers, après avoir laissé son visir, Jusef Aben Comixa, pour faire la remise du palais.

— Allez, seigneur, dit-il au commandant du détachement, allez prendre possession de cette forteresse qu'Allah a donnée à votre puissant maître en punition des péchés des Maures.

Il n'en dit pas davantage, et suivant tristement la même route par où les cavaliers espagnols étaient venus, il descendit dans la Vega pour aller au-devant des souverains catholiques. Les troupes entrèrent dans l'Alhambra, dont les portes étaient toutes grandes ouvertes, et trouvèrent ses magnifiques cours et ses salles vides et silencieuses.

Pendant ce temps l'armée chrétienne, ayant à

sa tête le roi, la reine et toute la cour, sortait de Santa-Fé et s'avançait à travers la Vega, jusqu'au village d'Armilla, à une demi-lieue de Grenade, où l'on s'arrêta.

Après avoir attendu quelque temps le signal convenu de l'occupation de l'Alhambra par le détachement qui y avait été envoyé, les souverains aperçurent enfin la croix d'argent, étendard de cette croisade, élevée sur la Torre de la Vela ou la grande tour de garde, et brillant aux rayons du soleil. A côté était arborée la bannière de Saint-Jacques.

Les cris de : *Saint-Iago! Saint-Iago!* retentirent sur toute la ligne de l'armée et furent suivis de ceux de : *Castille! Castille! pour le roi Ferdinand et la reine Isabelle!* Les souverains tombèrent à genoux pour remercier le ciel du triomphe qu'il leur avait accordé, et toute l'assemblée, suivant leur exemple, entonna l'hymne solennel du *Te Deum*.

Le cortége se remit alors en marche, aux sons d'une musique triomphale et avec tous les transports de la joie. Arrivés à une petite mosquée, bâtie au bord du Xenil et qui existe encore aujourd'hui, sous le nom de l'*Hermitage de Saint-Sébastien*, les souverains trouvèrent l'infortuné Boabdil, accompagné de ses chevaliers et de ses domestiques.

Il voulut descendre de cheval en signe d'hommage ; Ferdinand l'en empêcha. Il offrit ensuite de baiser la main du roi ; mais cette marque de vasselage ayant été aussi refusée, il se pencha en avant et baisa le bras droit de Ferdinand. La reine se refusa également à ce cérémonial, et pour consoler Boabdil dans son malheur, elle lui rendit son fils qui était jusqu'alors demeuré en otage.

Le monarque pressa son fils contre son cœur avec une tendre émotion, comme si l'infortune les avait rendus plus chers l'un à l'autre.

Il remit ensuite à Ferdinand les clefs de Grenade.

— Ces clefs, dit-il, sont tout ce qui reste en Espagne de la domination arabe. Maintenant tout vous appartient, nos trophées, notre royaume et nos personnes ! Telle est la volonté de Dieu ; recevez-les avec la clémence que vous nous avez promise et que nous attendons de vous.

— Ne doutez pas de la sincérité de nos promesses, répondit le roi : notre amitié vous rendra la prospérité dont le hasard de la guerre vous a privé.

Ferdinand reçut les clefs et les présenta à la reine, qui les passa à son fils le prince Juan, et celui-ci les remit au comte de Tendilla, déjà nommé alcayde de la ville et capitaine général du royaume de Grenade.

Après avoir remis ce dernier emblème du pouvoir, le malheureux Boabdil s'éloigna, afin de ne pas être témoin de l'entrée des chrétiens dans son ancienne capitale, et se retira vers les Alpuxarras. Sa garde le suivit dans un morne silence ; mais de profonds soupirs s'échappèrent de la poitrine de ces fidèles chevaliers quand la brise leur apporta les sons de la musique et les cris de joie des vainqueurs.

Boabdil avait rejoint sa famille ; il continua sa route le cœur oppressé. A deux lieues de Grenade, avant d'entrer dans les montagnes, il s'arrêta sur une éminence, d'où il pouvait encore voir la ville. Jamais elle ne lui avait paru aussi belle. Les chevaliers maures la contemplaient dans un douloureux silence, lorsqu'une légère fumée qui s'éleva de la citadelle et une salve d'artillerie leur apprirent que la ville était au pouvoir des chrétiens, et que le trône des rois musulmans était pour toujours renversé.

— Allah Achbar! s'écria Boabdil ; mais les paroles de résignation expirèrent sur ses lèvres, et il versa un torrent de larmes.

— Tu fais bien, lui dit sa mère, l'intrépide Ayxa, tu fais bien de pleurer comme une femme la perte d'un royaume que tu n'as pas su défendre comme un homme.

Le visir Aben Comixa essaya de consoler son maître.

— Allah Achbar! reprit Boabdil, et ses larmes continuaient de couler, quelles infortunes ont jamais égalé les miennes!

De là vient le nom de *Fez Allah Achbar* donné à la montagne où se passa cette scène, et qui n'est pas éloignée de Padul, et le point qu'occupait alors Boabdil est encore connu parmi les Espagnols sous le nom de *El ultimo suspiro del Moro* (le dernier soupir du Maure).

CHAPITRE XXXVIII.

Entrée des souverains dans Grenade.

Après avoir reçu des mains de Boabdil les clefs de Grenade, les souverains et l'armée reprirent leur marche. En approchant de la ville, une procession d'un genre bien différent vint à leur rencontre; elle était composée de plus de cinq cents captifs chrétiens, dont un grand nombre avait langui pendant des années dans les prisons des Maures.

Pâles et exténués, ils venaient, secouant leurs chaînes comme des trophées et versant des larmes de joie. Ils furent reçus par les souverains avec tendresse. Le roi les salua comme de braves Espagnols, comme des martyrs de la foi; la reine leur distribua de sa propre main des aumônes abondantes, et ils passèrent devant l'armée en chantant des hymnes d'actions de grâces.

Les souverains n'entrèrent pas ce jour même dans la ville; ils voulaient attendre qu'elle fût entièrement occupée par leurs troupes. Ils y envoyèrent le marquis de Villena et le comte de Tendilla, avec trois mille hommes de cavalerie et autant d'infanterie, accompagnés de Cidi Yahye et de son fils, l'un nommé premier alguazil de Grenade, l'autre amiral des flottes.

Bientôt les armes chrétiennes brillèrent sur tous les remparts, et le tonnerre de l'artillerie annonça que l'ancienne capitale des Maures appartenait maintenant aux Espagnols. Les nobles et les chevaliers fléchirent alors un genou devant le roi et la reine, et les félicitèrent de leur victoire; ensuite le cortége royal retourna à Santa-Fé.

Ce fut le 6 janvier, jour des Rois, que les souverains firent leur entrée triomphale dans Grenade.

Quand les rues retentirent du pas des chevaux et des sons bruyants de la musique, les Maures se cachèrent au fond de leurs maisons. Ils pleurèrent sur les malheurs de leur race et la perte de leur gloire, mais ils pleurèrent en silence, de peur que leurs gémissements, s'ils étaient entendus par leurs ennemis, n'ajoutassent encore au triomphe du christianisme.

Le cortége royal s'avança vers la principale mosquée, qui avait déjà été consacrée et convertie en cathédrale. Les souverains y firent leur prière, et les chantres de la chapelle royale chantèrent une hymne de triomphe, qu'accompagnèrent tous les courtisans et les chevaliers. Ce fut avec émotion et reconnaissance que Ferdinand et son épouse remercièrent le Seigneur de leur avoir permis de planter la croix dans une ville qui avait été si longtemps sous l'empire des mahométans, et qu'ils demandèrent la grâce de voir ce glorieux triomphe se perpétuer.

La cour monta ensuite à l'Alhambra, et entra par *la grande porte de la Justice*. Les souverains placèrent leur trône dans la salle d'audience du palais, qui, durant plusieurs siècles, avait été le siége de la puissance des Maures, et y reçurent l'hommage des principaux habitants de Grenade, ainsi que des députés des villes et des forteresses des Alpuxarras, qui ne s'étaient pas encore soumises.

Ainsi se termina la guerre de Grenade, après dix ans de combats continuels. Ainsi finit la domination des Maures en Espagne, sept cent soixante-dix-huit ans après la défaite de Rodrigue, le dernier des rois goths; le 6 janvier de l'année de N.-S. 1492, et dans le mois de rhaby de l'an 897 de l'hégire ou de la fuite de Mahomet.

Le malheureux Boabdil avait demandé que l'on ne permît désormais à personne d'entrer ou de sortir par la porte par où il était sorti pour aller remettre les clefs de Grenade. Sa prière lui fut accordée ; cette porte fut murée, et demeure encore aujourd'hui en cet état, comme un souvenir de cet événement.

Boabdil s'était retiré dans la vallée de Pouhena, où un territoire fertile lui avait été concédé. Plus tard il quitta l'Espagne et passa en Afrique, où le reçut le roi de Fez, son parent. En 1526, il accompagna ce prince à la guerre et périt dans un combat.

On voit un portrait de Boabdil dans la galerie du généralife ; d'après ce tableau, il avait une physionomie douce et agréable, le teint blanc et les cheveux blonds. On conserve à l'arsenal de Madrid deux armures qu'on dit lui avoir appartenu, et qui annonceraient qu'il avait la taille haute et les membres forts.

FIN.

TABLEAU CHRONOLOGIQUE

DES PRINCIPAUX ÉVÉNEMENTS DE L'HISTOIRE DE LA CONQUÊTE DE GRENADE.

	MOIS.	ANNÉES.
Muley-Aben-Hassan monte sur le trône de Grenade.		1465
Ferdinand V, roi d'Arragon, épouse Isabelle, reine de Castille et de Léon. — Réunion des deux couronnes.		1469

	MOIS.	ANNÉES.
Commencement des hostilités. — Prise de Zahara par les Maures.	*décemb.*	1481
Le marquis de Cadiz s'empare d'Alhama. . .	*février*	1482
Muley est banni de Grenade, et son fils est proclamé roi.		id.
Expédition des Espagnols contre Loxa. — Incursion des Maures sur le territoire chrétien.		id.

	MOIS.	ANNÉES.
Défaite des chrétiens dans les montagnes de Malaga.	*mars*	1483
Bataille de Lucena. — Boabdil est fait prisonnier.	*avril*	id.
Muley rentre dans l'Alhambra. — Boabdil est rendu à la liberté, et après d'inutiles efforts pour chasser son père de Grenade, il se retire à Almeria.		id.
Bataille de la Lopera.	*septemb.*	id.
Le marquis de Cadiz reprend Zahara.	*oct.*	id.
L'armée chrétienne ravage le territoire des Maures.		1484
Boabdil est chassé d'Almeria et se réfugie à Cordoue.	*février*	1485
Prise de Ronda, de Cambil d'Albahar et de Zalea par les Espagnols.		id.
El Zagal s'assit sur le trône de Grenade. — Mort de Muley. — Partage du royaume entre El Zagal qui reste à Grenade et son neveu Boabdil qui fixe sa cour à Loxa. . . .		id.
Prise de Loxa, d'Illora et de Moclin.		1486
Boabdil retourne dans la capitale et se fortifie dans l'Albaycin. — Lutte acharnée entre les deux rois.		id.
Ferdinand met le siége devant Velez-Malaga.		1487
El Zagal est chassé de Grenade et se retire à Guadix. — Boabdil reprend l'Alhambra. .		id.
Capitulation de Velez-Malaga et de plusieurs autres villes.		id.
Prise de Malaga.		id.
Ferdinand envahit la partie orientale du royaume. — Une soixantaine de villes lui ouvrent leurs portes.		1888
Siége de Baza. — Arrivée au camp espagnol de deux députés du soudan d'Égypte. —		

	MOIS.	ANNÉES.
Reddition de Baza, de Guadix, d'Almeria et de quelques autres villes. — Soumission d'El Zagal.		1489
Ferdinand somme Boabdil de lui remettre Grenade. — Il ravage la Vega.		1490
Boabdil échoue dans son entreprise contre Salobrena. — El Zagal passe en Afrique. . .		id.
Ferdinand vient mettre le siége devant Grenade.	23 *avril*	1491
Construction de Santa-Fé.		id.
Capitulation de Grenade.	25 *nov.*	id.
Entrée des souverains chrétiens dans Grenade.	6 *janv.*	1492

FIN DU TABLEAU CHRONOLOGIQUE.

TABLE

DES CHAPITRES CONTENUS DANS CE VOLUME.

FIN DE LA TABLE.

TOURS, IMP. DE MAME.

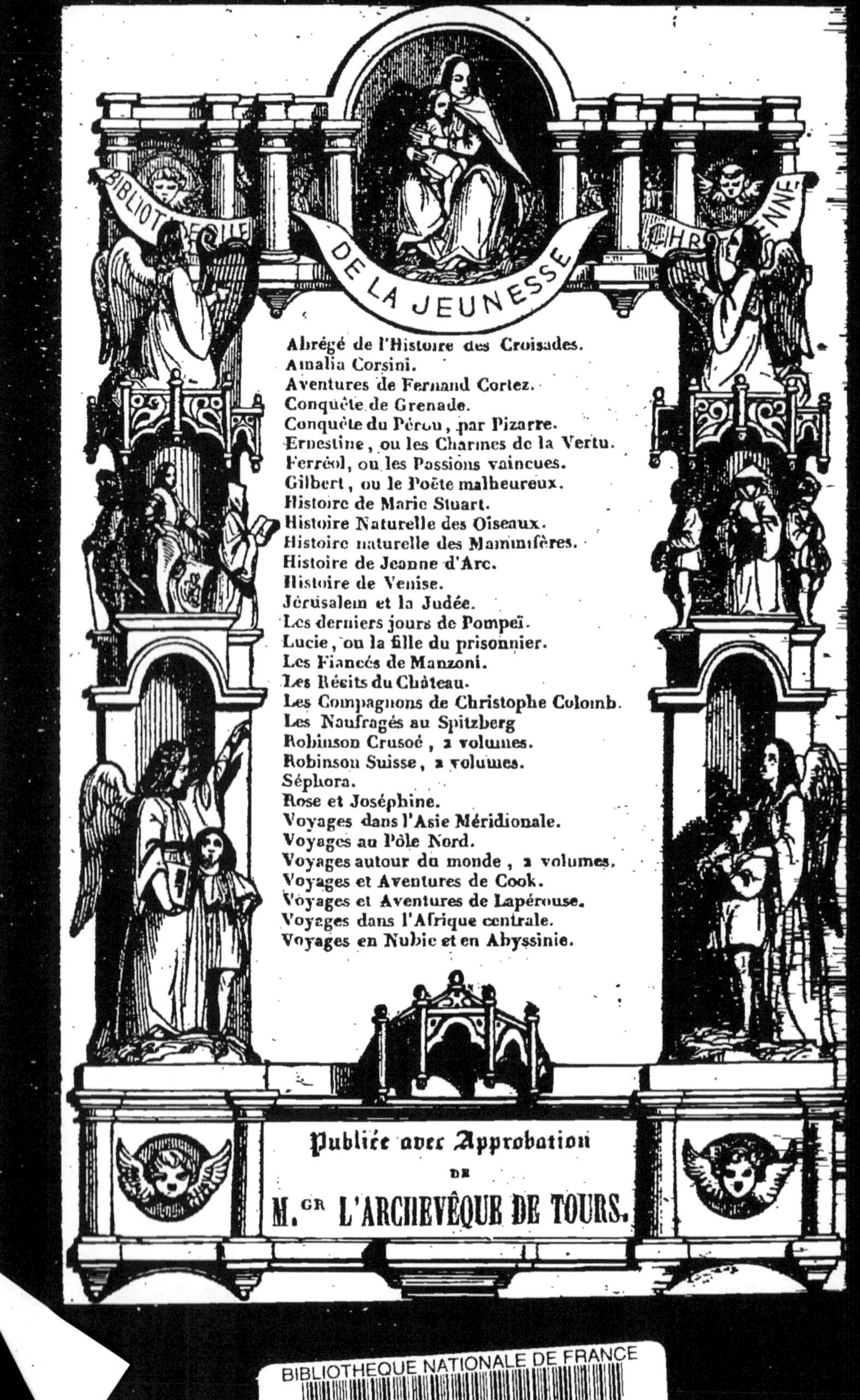

Abrégé de l'Histoire des Croisades.
Amalia Corsini.
Aventures de Fernand Cortez.
Conquête de Grenade.
Conquête du Pérou, par Pizarre.
Ernestine, ou les Charmes de la Vertu.
Ferréol, ou les Passions vaincues.
Gilbert, ou le Poëte malheureux.
Histoire de Marie Stuart.
Histoire Naturelle des Oiseaux.
Histoire naturelle des Mammifères.
Histoire de Jeanne d'Arc.
Histoire de Venise.
Jérusalem et la Judée.
Les derniers jours de Pompeï.
Lucie, ou la fille du prisonnier.
Les Fiancés de Manzoni.
Les Récits du Château.
Les Compagnons de Christophe Colomb.
Les Naufragés au Spitzberg
Robinson Crusoé, 2 volumes.
Robinson Suisse, 2 volumes.
Séphora.
Rose et Joséphine.
Voyages dans l'Asie Méridionale.
Voyages au Pôle Nord.
Voyages autour du monde, 2 volumes.
Voyages et Aventures de Cook.
Voyages et Aventures de Lapérouse.
Voyages dans l'Afrique centrale.
Voyages en Nubie et en Abyssinie.

Publiée avec Approbation

DE

M.GR L'ARCHEVÊQUE DE TOURS.

www.ingramcontent.com/pod-product-compliance
Ingram Content Group UK Ltd.
Pitfield, Milton Keynes, MK11 3LW, UK
UKHW020431200726
13857UKWH00002B/378

9 782012 394162